Derivatives for
Corporate value improvement

企業価値向上の
デリバティブ
リスクヘッジを超えて

福島良治 | 著

一般社団法人 金融財政事情研究会

はじめに

　2007〜08年の金融危機を契機として、投機的な証券化商品やこれに組み込まれたデリバティブ取引に対して国際的に批判が高まり、一定の清算集中義務や取引情報報告義務など各国当局による厳しいデリバティブ取引規制強化が進められている。米国のドッドフランク法制定やわが国の金融商品取引法の改正であり、そしてバーゼル銀行監督規制等による金融機関への自己資本積増しや証拠金の要請等がそれである。しかし、そういった動きにもかかわらず、国際市場およびわが国市場におけるデリバティブ取引の残高は着実に増加している（BIS Derivatives statistics等参照）。投機的な商品としてのデリバティブ取引ではなく、金融機関や企業の抱えるリスクヘッジのために欠かせない手法としてデリバティブ取引が定着し、認知されてきたからだと思われる。

　本書は、1991年以来、わが国の金融機関および金融工学専門会社においてデリバティブ取引関連業務に従事してきた筆者が、「企業価値を向上させるデリバティブ取引」という観点でデリバティブ取引の理論と実践的な戦略、制度的課題等について論じたものである。

　本書は、2007年7月に日本経済新聞出版社から出版された『アクティブデリバティブ戦略—企業価値を高める新しい経営手法』（以下、旧版という）を大きく改訂したものである。旧版上梓時、わが国で出版されていたデリバティブ取引関連書籍のほとんどが、商品の仕組みや市場慣行、プライシングロジック、オプション等のデリバティブ・モデル理論に関するものであり、そもそも企業がなぜデリバティブ取引を行うべきなのか、ヘッジをすべきなのかを論じたものや、さらには企業価値を向上させるデリバティブ取引の実態に迫ったものはみられなかった。

　そして、ヘッジ目的のデリバティブ取引が定着してきた現時点に至って、このテーマに関する論文や部分的に扱う書籍も散見されるようになったもの

の、やはり真正面から取り組んだ書籍は、残念ながら本書以外に見当たらない。また、旧版をテキストとして複数の大学院で講義してきたが、毎年新しい情報を講義資料として追加しており、それらを整理して新たに書き換える必要があると痛感していたところ、金融財政事情研究会からの強い勧めもあり、本書を出版することとしたものである。

本書は3部構成をとっており、それぞれの概要は以下のとおりである。

第Ⅰ部……デリバティブ取引の個別契約からALMに至るヘッジ手法を概観したうえで、米国等におけるコーポレート・ファイナンスの理論研究および実証研究を考察し、さらに自己資本との対比で議論したり、企業経営指標を検証したりすることで、デリバティブ取引によるヘッジが企業価値を向上させることを明らかにする。

第Ⅱ部……注意深く、かつ工夫をこらしてデリバティブ取引を利用することが、企業の経営戦略にとってきわめて有意義であることを、さまざまなケースを用いながら検証する。これらは、筆者がかつて勤務した企業金融専門銀行であった長銀・興銀で工夫をこらして実践したデリバティブ取引を一般化し、理論化したものである。

第Ⅲ部……会社法の内部統制や金融商品会計制度などの企業に関する諸制度におけるデリバティブ取引の適用事例を参考にして、企業価値を高めるデリバティブ取引に関する制度問題や解決策を議論する。

なお、本書において旧版から大きく改訂されている点は以下のとおりである。

・旧版上梓以降の参考文献、訴訟事例、CVA(Credit Valuation Adjustment)にみられるデリバティブ取引の仕組みや規制の変化、そしてIFRS(国際財務報告基準)の動向等を追加して議論を深めたこと(全章)。
・デリバティブ取引を利用した航空会社の先進的なヘッジ戦略について1つの章(第4章)を設けて詳述したこと。
・為替換算調整勘定に関するヘッジの是非について議論したこと(第5章)。

本書は、企業がリスクヘッジとして効果的に利用するデリバティブ取引が、実はそれ以上に企業価値をも向上させるという理論とそのための戦略を解説し、デリバティブ取引の本質を企業金融（コーポレート・ファイナンス）においてあらためて位置づける。同時に経営者のインセンティブや内部統制の観点等からコーポレート・ガバナンスにも配慮している。書名を『企業価値向上のデリバティブ―リスクヘッジを超えて』としたゆえんである。

　なお、本書は筆者の経験とこれまでに発表してきたいくつかの論文、そしてデリバティブ取引やヘッジに関する学術論文や書籍等をふまえたうえで記述しているが、オリジナルといってよい内容になっているはずである。ただし、第1章および第6章第1・2節の一部は、入門的内容であるため、読者によっては読み飛ばされてもよいだろう。

　本書出版にあたり多くの方々にお世話になった。ここにお名前を記して感謝申し上げます。

　旧版出版でお世話になり、本書を金融財政事情研究会から出版することを快諾された増山修さん（日本経済新聞出版社シニアエディター）、参考文献等教示いただいた中島敬雄さん（当時みずほコーポレート銀行常務執行役員、DIAMアセットマネジメント前代表取締役社長・現常任顧問）、池森俊文さん（当時みずほ第一フィナンシャルテクノロジー代表取締役社長、現在一橋大学大学院商学研究科特任教授）、第10章に筆者との共同論文の掲載および改編を快諾された高木宏さん（税理士法人プライスウォーターハウスクーパース・パートナー）。旧版を論文として専修大学に提出し、博士号（経済学）を授与されたが、審査していただいた経済学部教授の宮本光晴先生、田中隆之先生、山中尚先生、その機会を与えていただいた平尾光司さん（当時専修大学経済学部教授、昭和女子大学前理事長・現学事顧問、元日本長期信用銀行副頭取）、小西龍治さん（当時九州大学大学院経済学府教授、現在立命館アジア太平洋大学大学院客員教授、ファミリービジネス研究所代表理事、元日本長期信用銀行常務取締役）。そして、本書出版をサポートいただいた武藤雅俊さん（みずほ第一フィ

ナンシャルテクノロジー代表取締役社長)、金融財政事情研究会から出版することを強く慫慂された西野弘幸さん(当時きんざい出版センター部長、現在金財エージェンシー統括本部長)と今回の出版実務を担当された伊藤雄介さんである。

また、これまでの職場やデリバティブ取引関係で一緒に働いたり議論したりし、本書執筆に直接的間接的に影響を与えてくださった上司、先輩、同僚、後輩、業界関係者のみなさんに感謝するとともに、本書はすべて休日に調査・執筆しており、それを支えてくれた荊妻にも頓首したい。

なお、本書において意見にわたる箇所は筆者の個人的意見であり、所属する組織等とは関係がないことをあらかじめお断りしておく。また、個別会社名や関連情報が登場することがあるが、これらはすでに公開された資料に基づくものである。

先述したとおり、旧版は大学院講義のテキストとして用いてきた。そのなかで大変嬉しかったことがある。それは、早稲田大学大学院ファイナンス研究科の筆者担当授業「金融商品戦略と事業リスク管理」に対して、2013年度の講義最終日に提出されたある学生アンケート(匿名)の内容である。

「この授業を受けたいと思い入学したが、それだけの価値がある内容だった。会計、法務、経済効果について、企業価値の論点も踏まえた内容で、デリバティブに携わる人間には必須の内容だと思う」との回答だ。講義者として、また長年デリバティブ取引に携わってきた者として冥利に尽きるとはこのことであろう。

そして本書も旧版以上に、企業の経営、財務等に携わる方や銀行・証券等の金融機関に勤める方、さらにはファイナンスやデリバティブ取引の研究者や学生に読んでいただき、わが国企業の価値向上とデリバティブ取引の健全な発展に少しでも貢献できるのであれば、筆者にとってこれに勝る慶びはない。

2015年2月

福島　良治

【著者紹介】

福島　良治（ふくしま　りょうじ）

みずほ第一フィナンシャルテクノロジー㈱取締役、博士（経済学）
専修大学大学院経済学研究科・早稲田大学大学院ファイナンス研究科非常勤講師

　1984年東京大学法学部卒業、旧日本長期信用銀行入行、89～91年自治省（現総務省）大臣官房企画室出向（各省作成法令案の審査調整等）、98年日本興業銀行（現みずほ銀行）入行、みずほコーポレート銀行（同）を経て、2003年みずほ第一フィナンシャルテクノロジー㈱出向、08年より現職。
　1991～2003年長銀および興銀等にてデリバティブ取引マーケティングチーム次長等ヘッドおよびリスク管理企画等を担当。04年専修大学大学院経済学研究科客員教授（09年以降非常勤講師）。みずほフィナンシャルグループ寄付講座・東京大学法学部（07年以降）および同経済学部（12・13年）派遣講師。09年早稲田大学ファイナンス研究センター・大学院ファイナンス研究科客員教授（11年以降非常勤講師）。

〈著書〉
『デリバティブ取引の法務と会計・リスク管理〔第2版〕』（2008改訂、金融財政事情研究会）、『図説金融ビジネスナビ〈2015〉情報リテラシー向上編』（編著、2014、金融財政事情研究会）、『英雄詩伝―漢詩で読むリーダーの生き方』（2002、日本経済新聞社）
（以下、共著）
『スワップ取引のすべて〔第4版〕』（2011改訂、金融財政事情研究会）、『金融法講義』（2013、岩波書店）、『金融サービスのイノベーションと倫理―金融業の規律ある競争』（早稲田大学大学院ファイナンス研究科編、2011、中央経済社）、『金融リスクマネジメントバイブル』（2011、金融財政事情研究会）、『銀行窓口の法務対策4500講Ⅱ』（デリバティブ全項目担当、2013、金融財政事情研究会）

凡　例

- 日本公認会計士協会「金融商品に関する会計実務指針（中間報告）」（2006年改正）および「金融商品会計に関するQ&A」は、各々「会計実務指針」および「会計Q&A」という。
- 各章以下の項目は、第○章、第○節、（○）項と呼ぶ。
- 基本的には元号表記はせず、西暦で示すが、判例を引用するなどの都合上、元号表記の部分もある。
- 各図において矢印はキャッシュフローを示すが、相対する矢印2本一組を楕円で括っているものは、スワップ取引として複数回の金利交換が発生することを示している。

目　次

第Ⅰ部
リスクヘッジによる企業価値向上の理論と実証

第1章　相場観に基づく個別契約のリスクヘッジからALMまで

1　デリバティブ取引の種類 …………………………………………………… 4
　(1)　デリバティブ取引の種類 ……………………………………………… 4
　(2)　スワップ取引の定義と種類 …………………………………………… 6
2　契約別の金融取引をヘッジする利用例 …………………………………… 8
　(1)　金利スワップ取引を用いたもの ……………………………………… 8
　(2)　オプション取引によるリスクの限定―先物やスワップ取引との
　　　優劣― ……………………………………………………………………10
3　契約別の金融取引をヘッジする場合の問題点 ……………………………14
4　金融資産・負債のALM ……………………………………………………15
　(1)　金利ラダー管理 …………………………………………………………15
　(2)　ヘッジ方法 ………………………………………………………………17
5　事業法人におけるALMのあり方 …………………………………………17
　(1)　事業法人における金融資産・負債のALMの意義 …………………18
　(2)　事業リスク管理への拡大へ ……………………………………………23

第2章　企業はリスクをなぜヘッジすべきなのか
　　　　　―ファイナンス研究概観―

1　企業がリスクをヘッジすべきとする理論分類 ……………………………28
　(1)　税引き後企業価値の期待値の向上 ……………………………………29

(2) ディストレス（財務状況悪化）リスクのヘッジ ······················· 31
　(3) 経営者等ステークホルダーの収入安定化による企業価値の向上 ····· 31
　(4) 安定的な内部資金を保持することによる投資促進（過少投資問
　　　題の解決手段） ·· 35
　(5) エージェンシー・コストの抑制 ·· 37
2　自己資本の解放による企業価値向上 ·· 40
　(1) リスクファイナンスによる資本代替 ······································ 40
　(2) 自己資本の意義（バーゼル規制の含意による） ······················· 40
　(3) ヘッジによる積極的な資本・負債戦略と企業価値向上 ·············· 42
3　実証研究の紹介 ··· 43
　(1) 企業規模との相関性や利用目的 ·· 44
　(2) 日本企業に関する分析 ··· 45
　(3) 企業価値を向上させたとする実証分析 ··································· 46
4　その他の研究 ··· 49
　(1) 会計制度との関係 ··· 49
　(2) 経営者の能力 ··· 50
　(3) 銀行取引との関係 ··· 50
5　ま　と　め ·· 51
　(1) 節税効果の享受およびディストレス・リスクのヘッジ ··············· 52
　(2) 自己資本の有効活用 ·· 52
　(3) コーポレート・ガバナンスの観点 ··· 52

第3章　ヘッジによる企業価値向上の検証
―企業経営指標EVA®・ROEの向上と安定化―

1　ROEとEVAの確認 ·· 56
　(1) 定　　義 ··· 56
　(2) EVAを主要な経営管理指標として考える ······························· 58

2　リスクヘッジによるEVAの向上 ………………………………………59
(1)　税引き後営業利益への効果 ……………………………………59
(2)　税引き後負債コストの抑制 ……………………………………60
(3)　株主資本コストの制御 …………………………………………61
3　ヘッジによるEVAおよびROEの安定化を検証する ………………63
(1)　前提条件 …………………………………………………………63
(2)　金利（負債コスト）上昇時のROEとEVAの変化 …………65
(3)　デリバティブ取引導入による効果 ……………………………66
4　リスクファクターの特定と計測 ………………………………………70
(1)　リスクファクターを特定する …………………………………70
(2)　VaR・EaRを利用したリスク量の計測 ………………………73
(3)　デリバティブ取引を用いることでキャッシュフローを安定化
　　させて企業価値を向上させる …………………………………76
5　まとめ ……………………………………………………………………77

第Ⅱ部
デリバティブ取引活用戦略

第4章　分割ヘッジ事例の研究──航空会社のヘッジ戦略──

1　燃料費リスク ………………………………………………………………82
(1)　燃料費と為替の変動リスク ……………………………………82
(2)　燃油サーチャージ ………………………………………………83
(3)　バックワーデーション …………………………………………83
2　航空会社のヘッジ戦略 …………………………………………………84
(1)　時間分散によるヘッジ …………………………………………85
(2)　デリバティブ取引の選択 ………………………………………87
3　近時の戦略見直しと市場取引を対象としたヘッジ戦略のあり方 ………90

第5章 リスク変換のためのヘッジ戦略

1 海外子会社向け出融資金の為替変動リスクから金利リスクへの変換—為替換算調整勘定のヘッジの是非について— ……………………… 94
  (1) 海外子会社への出資金評価リスクのヘッジ …………………… 94
  (2) 親子会社間貸付のヘッジ目的通貨スワップ取引について ………… 99
  (3) 為替換算調整勘定をヘッジすることについての議論 ………… 103
  (4) 為替換算調整勘定、評価・換算差額等のヘッジについて ………… 104
2 既製デリバティブ商品による異種リスクへの変換 …………………… 106
  (1) 金利収益アップやコスト削減のための為替リスクテイク ………… 106
  (2) その他の取引への応用 ……………………………………… 107

第6章 道具としてのデリバティブ戦略

1 デリバティブ取引を参考指標とした資金調達の選択 ………………… 110
  (1) 長期借入と短期借入の比較 ……………………………… 111
  (2) 割安な資金調達コストのものを選ぶ ……………………… 113
  (3) 調達金利の選択 ………………………………………… 116
2 継続的短期金利資金調達に対する金利スワップ取引によるヘッジ … 118
  (1) 資金繰りリスクと金利リスク …………………………… 118
  (2) 短期金利借入と中長期金利スワップ取引のヘッジ会計の適用 …… 119
3 優良企業が利用するコーラブル・ローン ……………………… 120
  (1) 取引の仕組み ………………………………………… 120
  (2) 取引のリスクとオプションの実行 ……………………… 121
4 外貨建て債券運用における通貨スワップ取引と外貨資金調達の比較 ……………………………………………………………… 122
  (1) それぞれの取引フローとコスト ………………………… 123
  (2) 仕組みによるプライシング差 …………………………… 125

5　クレジット・デリバティブを利用した転換社債の投資戦略……………126
　　(1)　転換社債（CB）の仕組み……………………………………………127
　　(2)　投資家によるCBのアービトラージ戦略…………………………129
　6　天候デリバティブ取引の活用例―市場流動性が乏しいケース―………130
　　(1)　天候デリバティブの仕組み…………………………………………130
　　(2)　流動性の乏しい場合の対策例………………………………………131
　7　M&Aでの買収対象企業のキャッシュフローの安定化………………132
　8　まとめ………………………………………………………………………133

第7章　デリバティブ取引の解約等の出口戦略

　1　デリバティブ取引の解約清算金と逆取引（反対取引）………………137
　2　デリバティブ取引の譲渡…………………………………………………139
　　(1)　親会社Xへの譲渡……………………………………………………140
　　(2)　第三者である銀行への譲渡…………………………………………141
　　(3)　譲渡に関する契約……………………………………………………143
　3　解約・譲渡における信用リスク引当（CVA）の勘案…………………144
　4　金融危機時のデリバティブ取引譲渡による資金調達事例……………146

第Ⅲ部
企業制度（内部統制・会計制度）の適用にみられる諸問題

第8章　資金運用目的のデリバティブ取引に関する内部統制のあり方―運用失敗による株主代表訴訟事例を参考に―

　1　判例の概要…………………………………………………………………155
　　(1)　本件経緯………………………………………………………………155
　　(2)　争点と判決要旨………………………………………………………159

(3)　本判決の内部統制への示唆 ………………………………… 162
2　A社のリスク管理上の問題点 …………………………………… 162
　(1)　A社が取引したデリバティブ商品例 ……………………… 163
　(2)　何が問題だったのか ………………………………………… 165
3　コーポレート・ガバナンスや内部統制の観点からのデリバティブ取引のリスク管理 …………………………………………………… 167
　(1)　企業価値向上のための内部統制 …………………………… 168
　(2)　会社法における内部統制システム ………………………… 169
　(3)　金融商品取引法および企業会計における内部統制 ……… 170
　(4)　投資目的のためのデリバティブ取引の内部統制のあり方 … 172
4　長期保有を目的とした投資の簡易リスク管理例 ……………… 176
　(1)　時価（評価損益）による管理のむずかしさ ……………… 177
　(2)　ポートフォリオ全体のなかで把握 ………………………… 178
　(3)　グラフによる管理例 ………………………………………… 180
　(4)　グラフを描くことの不可能な資金運用失敗事例 ………… 185

第9章　長期固定金利上昇リスクのヘッジ戦略と会計処理

1　固定利付負債を予定取引とするヘッジ処理 …………………… 191
　(1)　将来発行する利付負債を対象とするヘッジ取引 ………… 191
　(2)　将来予定される固定利付負債の金利上昇リスクヘッジ … 191
　(3)　先日付スワップ取引の実施と金利の変動 ………………… 193
　(4)　手仕舞いによる繰延ヘッジ損益の確定 …………………… 195
　(5)　繰延ヘッジ会計が認められない場合 ……………………… 198
2　ヘッジ比率とヘッジ検証について—現在の会計実務指針への批判— … 198
　(1)　本ケースの場合のヘッジ比率 ……………………………… 198
　(2)　会計実務指針におけるヘッジ検証の問題点と今後の方向 … 199
3　不動産開発事業への応用 ………………………………………… 202

(1) 適用するデリバティブ取引の検討 ……………………………… 203
　(2) 会計処理 ………………………………………………………… 205
　(3) 本スキームのリスク …………………………………………… 206

第10章　包括的中長期為替予約の有効性と会計制度批判

1　フラット為替（包括的長期為替予約）とは ……………………… 211
　(1) クーポンスワップ ……………………………………………… 211
　(2) フラット為替の計算の仕組み ………………………………… 212
2　「当該留意点」およびQ55－2による会計処理の方法 …………… 213
　(1) 予定取引の発生可能性 ………………………………………… 213
　(2) 「例外的」にヘッジ会計が認められる要件 ………………… 214
　(3) 現行の振当処理の適用の可否 ………………………………… 216
3　フラット為替のヘッジ会計処理に否定的な見解に対する批判 …… 218
4　まとめ ……………………………………………………………… 222

参考文献 ………………………………………………………………… 224
事項索引 ………………………………………………………………… 230

第 I 部

リスクヘッジによる
企業価値向上の理論と実証

デリバティブ取引は「リスクヘッジ」として利用されることが多いが、その「リスクヘッジ（リスク回避または制御）」という意味はあいまいで、使う立場によって反対の概念にもなる。たとえば、変動金利形態による個別借入契約の金利上昇リスクをヘッジするための金利スワップを用いたとしても、金利が下落してしまうと、金利スワップだけを取り出してみたら損失が発生することになる。よかれと思って取り組んだものでも失敗だと指弾されることもあるのだ。そこで、デリバティブ取引を行うためには「相場観」が必要だという考え方も出てくる。

　また、金融機関におけるALM管理のように資産・負債すべてのキャッシュフローのリスクを相殺できるところまで観察し、残ったリスクをヘッジしようという考えも出てくる。しかし、それでもやはり、この残った部分のリスクをヘッジしたほうがよいのか、そのままにしたほうがよいのかは、上述の個別契約のヘッジと同様の問題にさらされてしまう。

　第Ⅰ部では、まず、「リスクヘッジ」取引をさまざまなレベルに分類し、デリバティブ取引によるリスクヘッジにとって常に問題となる「やるもリスク、やらぬもリスク」といった言い回しで表現される事象や「相場観」が必要かといった課題を検証し（第1章）、第2・3章では、それよりもヘッジによるキャッシュフロー変動の抑制こそが企業価値自体を向上させるということをファイナンス理論や経営指標の安定化の実計算例等によって示してみたい。

第1章

相場観に基づく個別契約の
リスクヘッジからALMまで

デリバティブ取引は「リスクヘッジ」として利用されることが多いが、その「リスクヘッジ」という意味は、使う立場や見方によって異なることがある。デリバティブ取引のヘッジによって、原資産（ヘッジ対象）と反対のポジションをとることになるからだ。

　本章では、まずデリバティブ取引とはどういうものなのかを類型的に紹介し、そして資産・負債の個別取引や個別契約ごとのヘッジの実例と課題について検証していく。そこには相場観が内在していることがわかるだろう。

 ## デリバティブ取引の種類

　ここではまず、どのようなデリバティブ取引が存在するのか、基本的な構造を俯瞰しておこう。商品の基本的な内容やプライシング方法等については、他書[1]を参考にされたい。

(1) デリバティブ取引の種類

　はじめに上場取引からみていくが、事業法人の利用するデリバティブ取引のほとんどは非上場の店頭（OTC[2]）取引である。

a　上場取引

　取引所に上場されている取引は、期間（限月）や金額が定型化・標準化されており、大規模な取引をスピーディーに取り扱えるようになっている。また、決済方法は反対売買による差金決済が通常ではあるが、債券先物では現引き・現渡しによる受渡決済も行われている。

　わが国の金融関係デリバティブでは、債券、金利、通貨、株式、金利スワップ等の先物取引やオプションが上場されているし、商品取引所にも多くのインデックスが上場されている。

1　たとえば、杉本他（2011）。
2　店頭取引、Over The Counter。

b 店頭デリバティブ取引

　取引所を介さない相対取引である。当事者で金額・条件等が自由に設定される取引である。

① スワップ取引……金利スワップ、通貨スワップ、エクイティ・スワップ、クレジット・デフォルトスワップ（CDS）、コモディティ・スワップなどである。デリバティブ取引で圧倒的な残高を占めるのが金利スワップである。

② 先渡取引
・外国為替予約
・FRA（金利先渡契約、Forward Rate Agreement）
・FXA（外国為替先渡契約、Forward Exchange Agreement）

③ オプション取引
・債券店頭オプション（選択権付債券売買取引）＝現物債券のオプション取引である。
・通貨オプション
・金利オプション（キャップ、フロアー、スワップション、通貨オプションを組み合わせたスワップなど）
・コモディティ、エクイティ、ウェザー、クレジットなどのさまざまなものがオプションとして取引されており、対象物が増えている。

　ところで、2007～08年の金融危機は、証券化商品やクレジット・デリバティブによる破綻の連鎖が主要因であったと考えられた。そこで、2009年9月のG20（ピッツバーグ・サミット）では、市場の透明性や決済リスクの低減を促進するため、店頭デリバティブ取引に対してのさまざまな規制が当局者によって合意された。わが国でも、金融商品取引法の改正により、2012年11月から金融機関同士の取引規模の大きいプレーンな金利スワップ取引やクレジット・デリバティブのインデックス取引であるiTraxx Japan等の一定の店頭デリバティブ取引については、中央清算機関である金融商品取引清算機関（日本証券クリアリング機構）の利用が義務づけられ、また2013年4月から取

引情報蓄積機関等を経由した当局への取引報告が義務づけられており、2015年9月には金融商品取引業者等に対して大口等の一定の店頭デリバティブ取引を行う場合、電子取引システムの使用を義務づけられることになっている。さらに、バーゼル銀行監督委員会と証券監督者国際機構により、大手金融機関の行う店頭デリバティブ取引で中央清算機関が利用されないものについても一定の証拠金（担保）の授受が求められることになっている（2015年から順次実施）。

　一般事業法人はこれら規制の直接的な対象にはならないが、間接的にはデフォルト・リスクを避ける仕組みである証拠金（担保）の提供が求められる方向にあると考えるべきであろう。

(2) スワップ取引の定義と種類

　デリバティブ取引で圧倒的なシェアを誇るのがスワップ取引であり、なかでも金利スワップが過半を占める[3]。

　スワップ取引の定義は、「現在価値の等しい、異なるキャッシュフローの交換」といわれている。

　金融関係のスワップ取引は、さまざまな種類があるが、「金利スワップ」と「通貨スワップ」の2つが主要なものである。

　「金利スワップ」とは、同じ通貨で、元本の交換はなく、異種金利を交換するものである。最も基本となる金利スワップは、一定期間において各通貨におけるLIBOR[4]と固定金利を交換するものである（例：円LIBORと円固定金利（図表1－1）、米ドルLIBORと米ドル固定金利など）。また、原債務が分割弁済である場合、これにあわせて想定元本が減少するという取引も可能である。

---

[3] デリバティブ取引の統計については、国際的には国際決済銀行（BIS：Bank for International Settlements）や国際スワップ・デリバティブズ協会（ISDA：International Swaps and Derivatives Association）、国内では日本銀行が提供している。
[4] London Inter-Bank Offered Rateの略。

図表1-1　金利スワップ取引イメージ

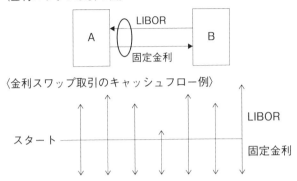

図表1-2　通貨スワップ取引の例

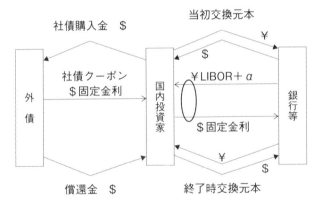

　「通貨スワップ」とは、異種通貨間でのスワップ取引であり、一般的には元本交換がある。たとえば、日本の投資家が米ドル債を購入する際に、購入資金を得るために元本相当の円を支払って米ドルを得て、購入後入ってくるドル金利および米ドル償還金を円に交換するというものである（図表1-2の右側におけるキャッシュフロー）。この場合、米ドル利息が固定金利であれば、これは為替変動リスクをヘッジするという目的のもとで行う。米ドル利息が変動であれば、金利変動リスクもあわせてヘッジすることがで

きる。逆に、日本の企業等が発行する外貨建債券も通貨スワップ契約によって為替リスク等をヘッジしていることが多い。結局は、異通貨間のキャッシュフローを交換する取引である。したがって、1回だけまたは複数回の長期為替予約契約も通貨スワップの一種である。

 契約別の金融取引をヘッジする利用例

事業法人が用いるデリバティブ取引のほとんどが、以下のように融資契約等の原契約1本ごとに金利スワップ取引を組むような個別の資産または負債のリスクをヘッジする取引である。

(1) 金利スワップ取引を用いたもの

a 金利固定化スワップを用いたもの

図表1-3のように、変動金利(たとえば、TIBOR[5]ベース)借入に対して金利スワップを組んで実質固定金利[6]借入とするものである。

この取引には、以下のようなバリエーションがある。

① いわゆるローン&スワップ……変動金利借入のキャッシュフローや金利条件と完全に一致する金利スワップを、ローンを借りる同一の金融機関と

図表1-3 金利固定化スワップ取引

〈ローン〉　〈金利スワップ〉

銀行等 ←変動金利― 企業等 ←変動金利― 銀行等
　　　　　　　　　　　　　―固定金利→

---

5 Tokyo Inter-Bank Offered Rateの略。
6 一般的に、固定金利は1年以上の長期金利のことで、契約期間において一定であり、変動金利は短期金利で、利払計算ごとに変動するものである。

当該ローン契約と同時期に組み、実質固定金利借入とするもの。もちろん、ローンを借りる銀行と金利スワップなどのデリバティブ取引を締結する銀行を分けることもあり、交渉力のある企業であればあるほど、それぞれを入札等で有利な条件で締結することが多い。
② フォワード・スタート・金利固定化スワップ……変動金利ローンにおいて、期間当初からではなく契約期間の途中のキャッシュフローから固定化する取引である。金利スワップ取引におけるキャッシュフロー交換が始まる前は、ローン金利（変動）を支払い、金利スワップ開始後は、ローンと金利スワップのキャッシュフローをネット（差引き）して固定金利の支払になる。金利環境が順イールドカーブ[7]の状態で、手前の低い金利メリットを享受できるが、将来の金利上昇リスクをヘッジしようというものである。その場合、契約日直後にスタートするスポット取引よりも固定化する金利が高くなることが多い。

これらのパターンの取引は、一般的には金利上昇リスクを見込む企業が、その上昇リスクをヘッジするために利用することが多い。すなわち、この取引の背景には、金利が上昇するという相場観が明示的または潜在的に存在するのである。したがって、この金利スワップ取引という「ヘッジ取引」は、ヘッジ対象であるローンの変動金利がヘッジ手段であるスワップ取引の固定金利を超えて上昇しなかった場合には、スワップ取引を行ったために、かえって支払金額が増加してしまうというリスク（「掛け損リスク」）がある。

b 金利変動化スワップを用いたもの

図表1－4のように、固定金利借入に対して金利スワップを組んで実質変動金利（短期金利を指標）とするものである。これも借入れと金利スワップの期間をずらすなどのバリエーションがありうる。

金利環境が順イールドカーブの状況であれば、変動化することによって支払金利を削減することができる。

---

[7] 短期金利のほうが長期金利よりも低い状態をいう。

図表1－4　金利変動化スワップ取引

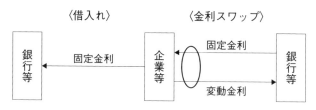

　このパターンの取引が、支払金利を変動化したために発生する金利上昇リスクには目をつぶって直近の支払金利負担を減少させようというイチかバチかの計画であれば、リスクテイクの取引といわざるをえないが、金利下落により元の固定金利ローンが相対的に割高になるというリスクをヘッジするという考え方で実施する場合は、いわゆる相場変動リスクのヘッジ取引であるといえる[8]。

　ただし、この後者の場合でも、将来の金利が下落する、または上昇を限定的にしか見込んでいないという相場観に依拠して、「ヘッジ取引」である（金利変動化）スワップ取引を実施しているのである。そのため、思惑の反対に短期金利が上昇すると支払金利負担が増えてしまうリスクを抱えることになる。

(2) オプション取引によるリスクの限定
　　―先物やスワップ取引との優劣―

　こういった金利スワップ取引による個別資産・負債に対する「リスクヘッジ」は、一定の相場観が潜在的または明示的に存在するため、その反対に市場が動いた場合には損害が発生する可能性がある。ヘッジ対象（ローン）とヘッジ手段（金利スワップ）をあわせたヘッジ取引しか観察していないので、リスクヘッジと思っていても、新たに反対方向のリスク、たとえば、金利上

---

[8]　会計実務指針148項。

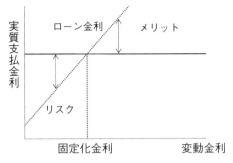

図表1－5　金利固定化スワップのメリットとリスク

昇ヘッジのための固定化スワップにより金利下落時の掛け損リスクを抱えているのである（図表1－5参照）。

　企業（この場合、財務担当者といっていいだろう）は、資金の外部流出を抑制すれば企業価値向上に貢献するのだから、たとえば、変動金利ローンの金利上昇リスクをヘッジする一方で、金利下落によるメリットを享受できればよい。金利固定化スワップでいうと「掛け損リスク」を抑止できればよい。それをある程度、解決するのがオプション取引である。保険と類似の取引である。

　オプション取引にはさまざまなものがあり、変動金利ローンの金利上昇リスクをヘッジするものとしてキャップやスワップションがあるが、ここではキャップを例として取り上げてみたい。

　キャップとは金利を原資産とするオプションの一形態である。買い手（ヘッジしたい者）は、売り手にプレミアムを支払うかわりに、定められた水準（ストライクレート）より、期間ごとの対象金利が高い場合には、対象金利とストライクレートとの金利差分を、売り手から受け取ることができる（図表1－6参照）。

　実際の事例として多いのは、変動金利ローンにキャップ取引を組み合わせて、ローン金利に実質的な上限をつけて、金利上昇リスクをヘッジするというもので、デリバティブ組合せローンの代表的なものである（上限金利付変

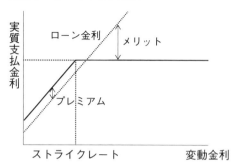

図表1-6 キャップ取引

動金利ローンまたはキャップ付ローンと呼ばれる)。この取引は、金利がストライクレートより低い場合は、支払変動金利もそのまま低いという、金利スワップ取引に比べたメリットがある。ただし、契約最終まで変動金利がさほど上昇せず、支払プレミアムが掛け損になった場合は、それがリスクと考えられるが、そのプレミアム金額に限定される。

　金利スワップ取引におけるリスク（掛け損）が、このオプション取引ではキャップのプレミアムに限定されている。相場観を前提として金利固定化スワップ取引を取り組む場合では、金利上昇についての相場観に自信があれば、固定化金利スワップに取り組み、そうでなければ、キャップを使うというのが一般的であろう。

　ただし、市場のスワップ金利よりも有利なストライクレート[9]（たとえば、金利固定化の場合は、低いストライクレート）でキャップを買おうという場合、そのプレミアムは高くつく。逆に、市場実勢よりも離れたレベル（OTM）のストライクレートのキャップを買うと、ヘッジ効果が生じる可能性は低いのだが、安いプレミアムですむ。オプションが便利なのは、ストライクレートを自由に設定できることである[10]。

9　この状況をin the money（ITM）という。逆に、市場実勢よりも外に離れたレベルのストライクレートでのオプションをout of the money（OTM）といい、市場実勢（先物やスワップなど）と同じレベルのものをat the money（ATM）という。

図表1-7 コリドー・キャップ取引（半額売却）のペイオフ例

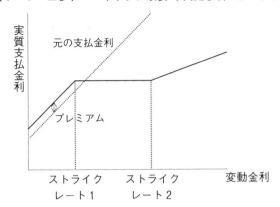

　特に、個々の金融取引のリスクではなく企業価値全般のリスクヘッジを考える際には、コストと効果との見合いで、ストライクレートから遠いOTMのオプションを近いOTMやATMまたはITMのものと組み合わせることが有効な場合があり、そこではスワップや先物よりもオプションのほうが有効に機能する。たとえば、景気がよくなって金利が上昇を始めても、それに売上げの増加が即座には対応しないが、あるレベル以上にまで金利が上昇するほど景気が安定的に拡大した場合には売上げが急上昇するような企業は、一定のヘッジ行為やヘッジ比率に拘泥する必要はない。具体的には、図表1-7のとおり、当面の金利上昇に備えるためにATM（ストライクレート1）のキャップ（借入金額相当の想定元本額）を買って、そのレベルでの上昇リスクヘッジを行うのだが、より高い金利レベルのOTM（ストライクレート2）のキャップをその金額（またはその半分等の金額）分、売却するのである（コリ

10　Froot他（1993）は、先物などのリニア（直線的または単に線形という）な手段によるヘッジよりもオプションのようなノン・リニアなヘッジのほうが、投資とそのための資金をうまく調整できるとしている。たとえば、ストライクレートからより遠い距離にある（deepな）OTMのプット・オプションを購入することで投資プロジェクトのデフォルト・リスクをヘッジしつつ、積極的な戦略（ITMのコール・オプションの購入等）を実施できるからだ。

ドー・キャップという)。そうすると、ストライクレート2以上に金利が上昇した場合は、ヘッジ効果が減殺されてしまうのだが、景気拡大が軌道に乗って、本業の利益が拡大しているため問題なしと考えるのである。こうすることで、一定以上の不要な金利上昇リスクヘッジを削減して、支払プレミアムを節約することができる。

なお、キャップを購入するのに必要なプレミアムは、金利支払のタイミングにあわせて期間按分されることも多い。

契約別の金融取引をヘッジする場合の問題点

たとえば、個別融資取引の金利上昇リスクヘッジ取引（金利固定化スワップやキャップ）は、支払金利の上限を設定し、支払金額の総和を抑制することになる可能性が高いので、結果的には企業価値を高めるのに有効であるケースが多い。しかし、相場の見通しが内包されているので、見通しの反対に相場が動いた場合には、ヘッジは掛け損となり、財務担当者は「やらなかったらよかったのに」という評価を下されることになりかねない。また、キャップというオプション取引によるヘッジは、掛け損がプレミアムに限定されるとはいえ、目にみえるかたちでのヘッジ効果を得るためには一般的にITMのオプションを購入する必要があり、そうすると支払うプレミアムが大きくなってしまうため、コストを意識して財務担当者がヘッジに抑制的になってしまうことも多い。

では、財務担当者は、そのように非難されるリスクを負って、本当に個別取引のヘッジを実施する必要があるのだろうか。また、逆に、財務担当者のレベルで企業全体の価値を高めるためのリスクヘッジを行うことができるのだろうか。

この問題を財務担当者レベルで、ある程度まで解決するのがALM（Asset Liability Management）である。

金融資産・負債のALM

　一般的に企業の有利子金融資産・金融負債は、1つだけの契約に基づくのではなく、複数のさまざまな資産・負債の集合体である。以下では、これらに対してデリバティブ取引を用いて総体的にヘッジするリスク管理手法を概観していこう。

(1) 金利ラダー管理

　まず、金融資産・負債の主なリスク（金融リスクといえる）は、マーケット・リスク（市場変動リスク）、流動性リスク、信用リスクである。マーケット・リスクは、金利変動等の相場の変動によって損害の発生するリスクのことである。流動性リスクは、自社の資金調達がむずかしくなるリスク、すなわち資金繰りリスクが中心であるが、さらには、金融取引の取引量が枯渇すると思うようなときに売買できずに損害が大きくなってしまうリスクも含まれる。信用リスクは、金融資産における債務者または発行体の財務状態の悪化等で支払能力が低下し、資産保有者に損害が発生する可能性をいう。

　金融機関の実務では、多数の部門がこのような複雑なリスクにさらされているのを、専門部門（ALM部門やリスク管理部等）を設置して管理している。特にマーケット・リスクと流動性リスク（資金繰りリスクを含む）を管理するのが、ALMである。しかし、以下ではまず、理解を容易にするために、部門が分かれていない企業を想定して、マーケット・リスク（特に金利変動リスク）のヘッジについて考えてみよう。

　例として、図表1－8のように、2つの金融資産と2つの金融負債を保有する企業を考えてみよう。資産と負債は20億円同士でマッチしている。

　ここでは金利変動リスクをヘッジすることを議論の対象としているのだから、「期間」概念としては、契約終了期間[11]ではなく金利更改期間が重要である。たとえば、5年満期借入のものでも半年ごとの金利見直しならば、金

図表 1 − 8　金利ラダー表

	金　額	金利更改期間
資産 a	5億円	0.5年
資産 b	15億円	2 年
負債 x	10億円	2 年
負債 y	10億円	0.5年

図表 1 − 9　金利ラダー表の書換え

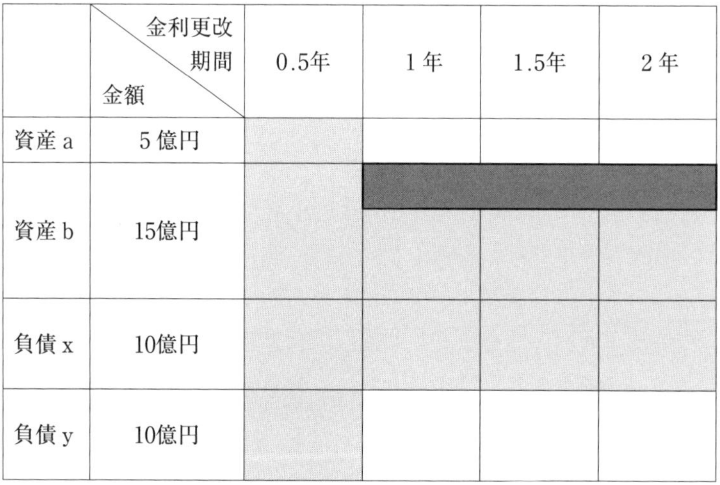

金額＼金利更改期間		0.5年	1 年	1.5年	2 年
資産 a	5億円				
資産 b	15億円				
負債 x	10億円				
負債 y	10億円				

利リスク管理期間（金利ラダーともいう）は0.5年とする必要がある。

　さて、この表を金利更改期間がわかりやすいように図示してみよう（図表 1 − 9）。資産 a は負債 y の半分とマッチし、資産 b の10億円分は負債 x とマッチする。そうすると資産 b のうち 5 億円分が0.5年以降、負債とマッチングしていないことがわかる。この非マッチング部分（表の濃い色の部分）

11　契約の終了期間管理は、当該契約終了時点で必要資金が充足しているかを管理するものであり、資金繰りリスク管理そのものである。本文のとおりALM上も重要な概念である。

に金利リスクがある。なお、この分析手法は、金利ギャップ管理ともいわれている。

(2) ヘッジ方法

資産 b の非マッチング部分 5 億円の資金繰りは、負債 y のうち 5 億円分を繰り返し吻合させて解決するのだが、資産 b の金利が 2 年間変化しないのに対して、負債 y の金利は半年後以降変化するため、その部分の金利上昇リスク[12]がある。このヘッジを検討しなければならない。一般的には資産 b の長期金利が負債 y の短期金利よりも高いので、ヘッジしない選択肢もあるが、リスクをできるだけとらない管理をするのであれば、契約期間 2 年の固定金利支払、変動金利受取りの金利スワップ取引を行う。ヘッジ対象元本は非マッチング部分の 5 億円でよい。

もし、前節のように個別融資取引ごとの管理を行うことしか考えないのならば、負債 y 全額10億円の金利上昇リスクヘッジのためのデリバティブ取引を行う必要に迫られるのである。このように資産・負債がマッチしている部分は、そのままにしておいて、非マッチング部分だけをデリバティブ取引でヘッジすることで、効率的な管理を行うことができるというのがALM[13]のメリットである。

5 事業法人におけるALMのあり方

前節では、2つの金融資産と2つの金融負債しか保有しない企業をモデルにしたが、これは限りなく金融機関に近いものといえる。たしかに、金融機

---

[12] さらに、すべての年限または各年限の金利が0.1％等一定の大きさで上昇したら期間損益にいくら影響を与えるかを分析することを金利感応度分析という。
[13] ここまでは現在の金融資産・負債におけるギャップを検討したものだが、現時点以降の金融資産・負債の新規追加や、金利などのマーケットの変化を含めてシナリオを置いて分析することをALMシナリオ分析という。

関のバンキング部門[14]では、このようなALMによって資産からの受取りと負債への支払のキャッシュフローの差額を把握し、ヘッジによって市場金利が上昇しても下落しても影響を受けない体制を構築することが重要となる。それは、金融機関のバンキング部門は、受取キャッシュフローと支払キャッシュフローの差額がプラスになるような構造、まさに利鞘で稼ぐビジネスモデルの企業だからだ。また、このような金融リスク管理は金融機関で発展してきたものであるため、一般企業もおおいに参考になるものと考えられる。

(1) 事業法人における金融資産・負債のALMの意義

a 非マッチング部分の効率的ヘッジ

まずは、先述したとおり、資産・負債がマッチングしている部分は、そのままにしておいて、非マッチング部分だけをデリバティブ取引でヘッジすることで、効率的な管理を行うことができるということである。それは、金融資産・負債から出てくるキャッシュフローに限らず、売上げ・販売と仕入れや管理費の価格差に振れリスクがある場合も同様である（後述(2)参照）。

なお、事業法人では金融資産への積極的な投資をしたり、他社への貸付金利で収益をあげるビジネスを展開しているのでなければ、一般的には、金融資産金利は金融機関からの預金金利であるため負債に比較して低利となってしまい、その差額はマイナスになることが多かろう。上記で検討した金融資産・負債しかない例外的な企業では、ALMで、非マッチング部分をヘッジすることは、このマイナスを確定させることになりかねない。逆に、非マッチング部分の5億円をヘッジしないでおけば、金利が上昇しない場合、期間損益上、有利になる可能性もある。

b リスク分散

次に、一種のリスク分散効果があげられよう。たとえば、資産サイドには

---

[14] 短期的な市場取引で収益獲得を目的とするトレーディング部門や手数料取引を主に行う部門と対比する概念で、それ以外の通常の銀行取引、すなわち融資、満期保有の債券売買、預金取引等を所管する部門をいう。

在庫品や社屋・店舗だけで、金融資産がほとんどなく、負債のすべてを固定金利借入で対応している企業を想定しよう。この企業は、金利下落時のメリットが享受できないし、逆にすべてが変動金利借入であれば金利上昇リスクに弱い体質となってしまう。そこで、(ここでも相場観が出てくるのだが)一定の金利シナリオに基づくものの、すべてをそれに賭けるのではなく、自信度に応じた固定・変動金利の配分を行うのである。具体的には、金利上昇シナリオへの自信度が強い場合は、調達資金の70%を固定金利借入として、30%を変動金利借入とするといったことである。マーケット情勢に応じて借入条件を頻繁に変更することはむずかしいが、金利スワップ取引を使えば、固定金利と変動金利の元本金額調節が機動的に対応可能になるのである。

さらには、固定金利であっても調達期間に変化をつけること(2年、5年、10年など)で長期金利リスクの分散が可能である。これも類似の行為がデリバティブ取引で機動的な対応が可能である。たとえば、借入金利のLIBOR等の変動金利(または固定金利)を長期金利(利払い計算時点ごとのn年物スワップレート)ベースの変動金利と交換するCONSTANT MATURITY SWAP(図表1-10、CMSと略称することが多い)である。また、変動金利の短期的な金利リスクを分散することも可能である。たとえば、LIBORベースの変動金利借入は、利息の「前決め・後払い」が基本であるが、DELAYED LIBORという金利スワップ取引を利用すると、「後決め・後払い」への変換が可能である(図表1-11)。

以上は、負債の利息計算期間を分散することを示しているが、同時に金利というリスク指標の分散にもなっている。たとえば、CMSで3カ月LIBOR

図表1-10　CONSTANT MATURITY SWAPの例

図表1-11　DELAYED LIBORの例

〈DELAYED LIBOR キャッシュフロー（1回のみ）のイメージ〉

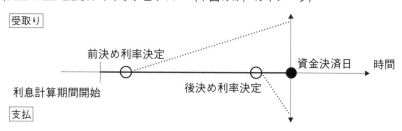

を2年物スワップレートに変換した場合、それらは表示する期間が違うということだけではなく、それら指標が変動する場合はパラレルにシフトするとは限らず、違った動きをする可能性があるということである。

さらには、円の負債ポートフォリオの一部を通貨スワップ取引によって米ドル負債とすることで、全体の負債（金利指標および元本）における通貨のリスク分散もできる。

企業を一種のポートフォリオと考えれば、その負債サイドだけであってもリスク指標を分散することが全体のリスクを減少させて、企業価値を向上させることになろう。ただし、デリバティブ取引のコストを勘案することはもちろんである。

c　部門やプロジェクトの統合リスク管理

金融資産・負債のALMには、1つの企業であっても部門またはプロジェクトベースで分断されている金融リスクがあれば、それを統合して管理するメリットがある。前節4の冒頭で、金融機関の実務では、マーケット・リスク、流動性リスク、信用リスク等の複雑なリスクが多数の部門で分かれてさらされているのを、専門部門（ALM部門等）を設置して一括して引き受ける

ことで管理するのが、ALMであると述べた。このことを以下では、やや詳しくみていこう。

　企業は、ある意味では部門やプロジェクトの集合体であるともいえよう（連結ベースで考えると子会社も部門に位置づけられる）。それぞれの部門やプロジェクトには資金がついているはずである。管理会計の対象にもなっていよう。したがって、それら部門やプロジェクトは、まさにマーケット・リスク、流動性リスク、信用リスク等の金融リスクにさらされていることになる。これらを個別に管理するよりも、一箇所で管理するほうが、効率的であることが多い。

　金利リスクを例にあげよう。金融資産・負債に関して、本項aで述べたような非マッチング部分が個別部門やプロジェクトでは存在していても、組織横断的に一括管理するとこれらの一定の部分は自然に相殺されてしまい、ヘッジする部分が個別にヘッジする場合よりも少なくてすむことが多い。

　具体的な方法としては、個別部門やプロジェクトにおける非マッチング部分をALM部門が資金ごと丸抱えすることや社内デリバティブ取引を行うことが考えられる。

　図表1－12をみてみよう。上の図では、部門ごとの管理のケースを示している。A部門では複数の金融資産・負債があり、これらの金利リスクをマッチングした結果、5年物の金利資産（逆にいえば、短期金利の負債）が10億円過多であることになった。これは金利上昇リスクにさらされていると考えられるため、このリスクをヘッジするためには、想定元本10億円の固定金利支払、変動金利受取りの金利スワップ取引を行うことになる。また、B部門では金融資産・負債の金利リスク管理上、5年物の金利負債（逆にいえば、短期金利の資産）が8億円過多であり、これは金利下落リスクにさらされていると考えられる。このリスクをヘッジするためには、想定元本8億円の固定金利受取り、変動金利支払の金利スワップ取引を行うことになる。

　次に、ALM部門を設置して金融資産・負債を一括して管理する場合をみてみよう（同じく図表1－12の下の図）。そこでは、A部門の10億円の5年物

図表1-12　部門別金利リスクの一括管理イメージ

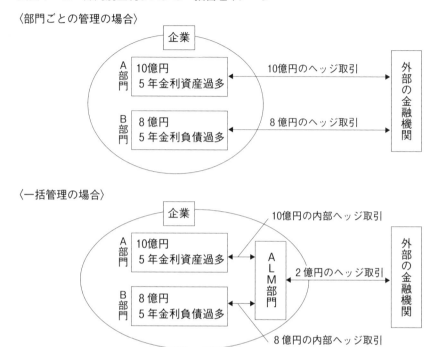

金利の資産過多に対してALM部門が社内金利スワップ取引でヘッジを行い、同様にB部門の8億円の5年物金利の負債過多に対してヘッジを行っている。そして、差額の2億円の5年物金利の資産過多に対してのみALM部門が社外の金融機関と金利スワップ取引でヘッジを行えばよいのである。もちろん、A部門とB部門のリスク期間が、ここでは同じであるという前提のもとに、このヘッジの効率化が成り立っていることには注意が必要である。

　こういった仕組みによって、外部と行っていた10億円と8億円の2本の金利スワップ取引が2億円1本の金利スワップ取引になったのである。無駄な外部コストが節約できたといえる。なお、金利のミスマッチはALM部門が責任をもって監視（金利スワップの「仕切りレート」を提示）するだけで、社内金利スワップ取引はバーチャルな次元のものとして実行せず、そして必要

な差額部分だけ外部ヘッジを行うということでも、企業全体のリスクヘッジが行われることになる。

　このような管理は、関連会社を含めたグループ全体の資金を包括して管理するキャッシュ・マネジメント・システム（これもCMSと呼ばれている）と類似の手法である。CMSは、グループ全体の資金管理を集約することで、銀行借入の圧縮や支払手数料の削減などを可能とするものである。これも無駄なコストを削減することになり、ROA（総資産利益率）などの財務指標も改善する効果があろう。このようなCMSを導入することは、結果的にここで説明している金融リスクをヘッジすることにもなっているだろうが、やはり意識的なリスク管理が望まれる。

　なお、以上の議論には、複数の海外拠点にまたがった資産・負債やキャッシュフローにおける多通貨の為替リスクを一箇所で集中管理することも含まれる。たとえば、輸出割合が多く、海外生産拠点も多い自動車産業は、為替市場の影響を大きく被るため、為替先渡取引や通貨オプションが多用されている[15]。ちなみに、多通貨資金の為替リスクのヘッジでは、CMSにおける資金繰りリスク管理（決済日をそろえること等）だけではなく、ALM部門が支払と回収の通貨を交換するための「仕切り」為替レートを設定して、各拠点や部門に提示すること等が重要である。そして、社内でマッチングされない為替リスクだけを外部とヘッジすればよいのである。

(2)　事業リスク管理への拡大へ

　一般的な事業法人（図表1−13のバランスシート・イメージを参照）は、特に資産サイドには設備や不動産等の非金融資産が重要な位置を占めており、

---

[15] たとえば、Desai（2004）。なお、当該文献によると、ゼネラルモーターズ（GM）は、海外の競争相手、特に日本企業からの円安時の輸出攻勢（Competitive Exposure）に備えて、その際にディスカウントで立ち向かえるように円建て社債を発行しているとのことである。円安、すなわちドル高になるとドル建てで財務管理を行っているGMは、社債の償還金が少なくてすむことになるからだ。このようなヘッジ戦略は、実質的な企業価値には有益と考えられ、注目すべきであろう。

図表1-13　バランスシート・イメージ

資産	負債
金融資産 固定資産 ︙	金融負債
	純資産

収入・支出フローには企業が生み出したり、消費したりするサービスやモノの対価を含めて、金利等の金融資産以外からのフローが大きなウェイトを占めている。

　一般的な事業法人の金融資産・負債の非マッチング部分は、やはりその資産・負債全体からみると部分的なものになってしまう。そうすると、その部分のヘッジを行った場合、その後に見通しの反対に相場が動いた場合には、前節のような個別取引のヘッジよりも限定的ではあるものの、ヘッジは掛け損となり、個別取引のヘッジのケースと同様に財務担当者は「やらなかったらよかったのに」という評価を下されかねない。やはり、ヘッジ行為には相場の見通しが内包されているのである。金融資産・負債だけを考えて、そのALMを行うのであれば、部門やプロジェクトのリスクを統合して非マッチング部分だけをあぶり出し、その部分のリスクを前項(1)bでみたようなリスク分散で対応することが望ましいのではないだろうか。

　しかし、金融資産・負債の非マッチング部分のリスクが、実は非金融資産・負債のリスクを自然とヘッジ（ナチュラル・ヘッジ）していたもの（たとえば、不動産賃貸料収入と金利の相関関係が高い場合には、前者の下落リスクが負債の変動金利下落によってヘッジされることになる）であったのであれば、いずれかの変動リスクをヘッジすることは逆に企業全体のリスクを増やすことになる。事業法人の真のALM管理では、金融資産・負債だけではなく資産・負債および純資産の全体ならびにそこに出入りするフロー全体を対象にしてリスク特性を検証し、企業価値を高めるためには、どのようなリスク管

理を行うのか、どのようなヘッジ戦略を立てるのかを考えなければならない。

たとえば、電力会社ならば、発電燃料（費用や資産）として消費する天然ガスや原油等の商品市況や為替市場の影響を受けるという原料のリスク特性は見逃せない。資産サイドには発電施設があり、景気変動に伴って、増設したり、稼働を落としたりする必要が出てくるであろうし、そのための資金調達も必要となってくる。この施設が原燃料を消費して電力を顧客に供給するのだが、その際の電力料金（収入）は単純に原燃料の価格変化に連動させられるものではない。燃料費調整制度[16]という電力料金に特有の制度等があり、これらもリスク管理に勘案しなければならないのである。

こういう前提のもとで、電力消費と景気、そして資金調達金利の関係を勘案すると、資金調達の金利は長期固定がいいのか、短期変動がいいのか、またその組合せであればどういった比率がいいのか、といったことを検討する必要性を考えることになろう。企業というポートフォリオ全体のリスク管理を行い、企業価値の向上を図るためには、これらの制度リスクや金融資産・負債のリスク等を含んだ資産・負債・純資産とそこに出入りするフローを包括的に管理する必要が生まれるのである。

次章では、企業価値を高めるためのデリバティブ取引によるヘッジについて、理論的に考察していきたい。

---

[16] わが国における電力料金の燃料費調整制度は、3カ月ごとの平均燃料価格を2カ月後の電力料金に反映させるものである。期間のズレのリスクがあるだけではなく、燃料価格が一定の上限を超えた場合には、電力料金へは反映できないなどのオプション性のリスクを抱えた仕組みになっている。

第2章

企業はリスクを
なぜヘッジすべきなのか
―ファイナンス研究概観―

企業はさまざまなリスクにさらされており、必要に応じてこれらをヘッジすることが求められる。主な手段はデリバティブ取引や保険である。しかし、その利用目的は、たとえば借入金利上昇リスクのように目先の個別的なリスクヘッジにとどまっており、企業価値そのものを向上させるという観点から検討しているケースはあまりみられないのではないだろうか。ところが、米国では1980年代から現在に至るまで、なぜ企業はヘッジすべきなのかというテーマについてファイナンス理論からの学術的な研究およびそれらに関する実証研究が盛んに行われている。本章ではこれらをまとめて紹介したい。

 ## 企業がリスクをヘッジすべきとする理論分類

　ファイナンスの公理ともいうべきモジリアーニ・ミラー理論（いわゆるMM理論、Modigliani and Miller 1958）の第一命題では、「完全な資本市場においては資金調達方法は重要ではない」とされている。すなわち、税金や契約コスト等のない効率的な経済社会では、資金調達方法は資本金であれ負債であれ、企業価値には影響を与えないとされる。逆に、これは、不完全な資本市場、すなわち、税、倒産コスト、契約コストが存在する実社会では、資金調達方法の選択が重要であるということを示している。同様に、完全資本市場下ではデリバティブ取引は裁定取引が起こらないということを前提とするため、そのヘッジ効果と原資産価格変動が相殺される[1]ことで企業価値に

1　たとえば、以下のような議論が可能とされる（花枝 2002など）。
　　完全市場では、ヘッジを行って成功した場合と失敗した場合の合計のキャッシュフローの現在価値の和は、ヘッジをしない場合の現在価値の和と同じになる。
　　また、ポートフォリオ理論では、完全市場を前提として投資家は十分な分散投資を行うことで各企業の個別リスク（アンシステマティック・リスク、unsystematic risk）を除去できるので、個々の企業自身のリスクヘッジは意味がない。また、完全市場では個別企業が行うリスクヘッジを投資家もゼロコストで取扱い可能なため投資対象である個別企業のリスクヘッジは無意味である。

は影響がないとされるのだが、したがって、実社会では、それとは違って、ヘッジ取引が企業価値を高めるのだろうとして、以下の議論を喚起してきたのである（花枝 1996 など）。

そして企業がリスクを「ヘッジすべき」とされる具体的な理論的根拠は以下のとおりに分類されよう。
① 税引き後企業価値の期待値の向上
② ディストレス（財務状況悪化）リスクのヘッジ
③ 経営者等ステークホルダーの収入安定化による企業価値の向上
④ 安定的な内部資金を保持することによる投資促進（過少投資問題の解決手段）
⑤ エージェンシー・コストの抑制（資産代替問題およびフリー・キャッシュフロー問題の解決手段）

そして、筆者が主張するのが、「自己資本の解放による企業価値向上」および「企業経営指標EVA・ROEの向上」である（本章第2節および次章参照）。

このうち①～③を示したのが、Smith and Stulz（1985）である。この論文が、なぜ企業はリスクヘッジすべきなのかというテーマに関するファイナンス理論の本格的な出発点であり、いまに至るまでその中心的地位を占めているといえる。

(1) 税引き後企業価値の期待値の向上

「企業価値」を算出する方法として幾通りかある。たとえば、株式時価総額と負債をあわせたものや、当該企業の生み出す将来キャッシュフローの現在価値および非事業資産の合計などである。いずれにせよ、将来における税引き後の利益が最も重要なファクターになる。

企業収益があがらないと企業価値は上がらないので、企業収益の向上は企業価値向上に直接つながる。累進税率制度下であれば、その税負担は下に凸のグラフ（図表2－1）になるため、税引き後収益は上に凸のグラフ（図表2－2の太線）になる。

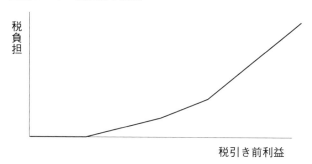

図表2-1　累進税率制度

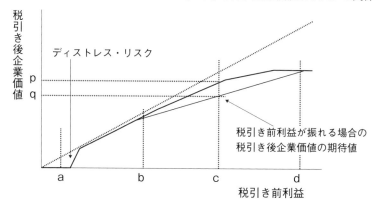

図表2-2　[Smith and Stulz1985] の示した、企業価値とリスクの関係図

　税引き前利益が振れると、税引き後の利益の期待値が、税引き前利益の振れない場合の税引き後の利益を下回ってしまう。したがって、ヘッジを行うことで税引き前利益の振れを抑制することで、税引き後企業価値を高めることができる。たとえば、図表2-2でみると、税引き前の利益がbからdまで振れると、税引き後の企業価値[2]期待値はqであるが、税引き前利益をヘッジによってcに固定すると税引き後の企業価値はpになり、qより大きくなる。

2　将来における税引き後利益の現在価値が企業価値といえるが、ここではわかりやすく「税引き後企業価値」としておく。

(2) ディストレス（財務状況悪化）リスクのヘッジ

　財務状況が悪化し、さらに倒産に至るとさまざまなコスト（格付け下落による資金調達コストの上昇、倒産時の清算処理等の直接経費や売上高の減少等の影響）が生じるので、ヘッジを行うことによってディストレス・リスクを封じ込め、企業価値が下方に振れるのを抑えるということである。便宜上図表2－2を利用してみよう。企業価値がaからcの間で振れるケースでは、企業価値がaになると倒産してしまう可能性が高いが、企業価値を振らせるリスクファクターをヘッジすることで、結果的にbに固定すると倒産リスクはなくなり、ディストレスに係るコストが不要となる。Geczy他（1997）は、成長性はあるが財務状況の厳しい企業が通貨デリバティブ取引を利用する傾向が強いことを実証している。反対に、ディストレス状態になってしまった企業は、復活を賭けてヘッジ取引には目を向けず、イチかバチかの行動に出ることになる（Stulz 1996）。

　また、ディストレス・リスクのヘッジによって信用力が増し、負債余力が生じ、さらなる投資、そして成長が可能になり、企業価値の向上が図られることになる。負債の増加は、利息の節税効果によって税引き後企業価値を高めることに直接つながる（Modigliani and Miller 1963、花枝 1997、Leland 1998）。なお、繰延税金資産[3]がある場合は、ヘッジによって利益を確保することで税額控除を受けられる可能性が高まり、企業価値を保持することにつながる。

(3) 経営者等ステークホルダーの収入安定化による企業価値の向上

　このテーマは、企業がヘッジすることによって株主以外の経営者、従業員、購買先といった企業に関係する人たちの収入利益を安定化することにな

---

[3] 会計と税務の費用認識の相違により過去に支払った税金が繰り延べられて、将来に利益があった場合に税額控除されるもの。

り、それが企業価値を向上させるという議論である。コーポレート・ガバナンスのあり方にも参考になるものと考えられる。

a　ステークホルダー全体の収入安定と企業価値向上

投資理論では、投資家は幅広い分散投資によって投資対象となるポートフォリオ全体のリスクをヘッジすることができ、結果的に個別企業への投資もヘッジできるとされている（Markowitz 1952他）。機関投資家のような株主はこれが可能であろう。しかし、一般の経営者、従業員、そして下請け企業等の購買先等ステークホルダーは、彼ら自身のキャッシュフローや収益の源泉が当該企業に集中しており、しかも企業よりも小さなポートフォリオしかもたないためリスク分散やリスクヘッジがむずかしい。デリバティブ取引の取扱い可能な金額も、個人や中小企業には手が届かないことが多い。したがって、幅広い分散投資が可能でない株主や経営者等ステークホルダーの関与する企業においては、当該企業自体のリスクヘッジによって彼らの効用を高めることが求められるのである。反対に、きわめて幅広く分散投資が可能な株主等の関与する企業では、ヘッジに対するインセンティブは相対的に小さくなるであろう（Tufano 1996）。

企業がさまざまなリスクを抑制し、ディストレス・リスクを減少させて安定的な収益を得ることができれば、ステークホルダーのリスクを減少させることができるので、これに相応する報酬や購買価格といった企業のコストも減額させることができる。そして、この減額分がヘッジコストよりも大きい場合は企業価値自体も向上させることになる。また、販売先（顧客）もこのような企業の将来的なブランドやアフターサービス等に信頼感をもつことができるので、結果的に売上増大につながり、相乗的に企業価値も向上することになるのである。

b　経営者の報酬体系と企業価値

ただし、経営者に関していえば、さらにその報酬設計がリスクヘッジの実施に影響を与えることになる。たとえば、経営者個人への報酬（期待効用）が企業価値に対して凹関数（上に凸のグラフ）となると経営者はリスク回避

的な行動をとり、企業価値のヘッジを遂行することになる。すなわち、図表2－3でみると、企業価値がaからcまで振れると、経営者への報酬の期待値はqであるが、企業価値をヘッジによってbに固定すると報酬の期待値はpに上がるからである。なお、このことは個人も累進課税となると(1)と同様に税引き後収入を増やすためにヘッジを求めるであろうし、一般的な個人の限界効用は逓減性（上に凸のグラフ）を示すといわれることも、このような報酬体系がふさわしいことの裏付けになるといえよう。

　しかし、ボーナスやストックオプション等により経営者個人への報酬（期待効用）が企業価値に対して凸関数（下に凸のグラフ）になるならば、企業価値をヘッジせずにリスクを選好することになる（図表2－4）。ストックオプションは株式コールオプションの買いポジションであり、株価の上昇メリットはあるが下落リスクは負わない仕組みといえる。2005年8月、米国格付け機関ムーディーズ・インベスターズ・サービスは、1993年から10年間のデータを分析したところボーナスやストックオプションで高額報酬を経営者に与える企業は格下げの可能性が高いという報告を行っている。その理由は示されてはいないが、短期的な収益を目指してリスク選好的な経営を好むからだ

図表2－3　[Smith and Stulz1985]の企業価値と経営者への報酬の関係図
　　　　　（凹関数の場合）

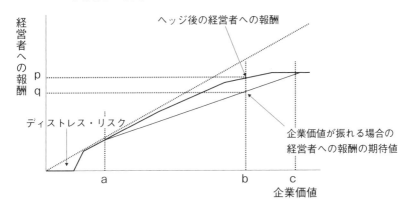

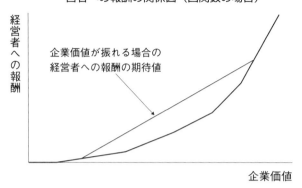

図表2－4　[Smith and Stulz1985]の企業価値と経営者への報酬の関係図（凸関数の場合）

と考えられる。

　なお、経営者（リスク回避的であることが前提）へのインセンティブの与え方によって彼らがデリバティブ取引をどのように利用するのかを、オーナー色が強く成長性の高い金採掘企業と同業種で成長率があまり高くはない企業を比較して調査したのが、Petersen and Thiagarajan (2000) である。前者では経営者の持株比率が高く、その報酬は「株式価値」に連動しており、経営者はこの振れを抑制するため金の先物取引による中長期価格ヘッジを積極的に行っている。これに対して後者では、経営者のインセンティブを目先の「年度利益」にリンクさせており、この振れを制御するためにデリバティブ取引を利用するのではなく、金の価格変動を打ち消すような会計処理の変更を頻繁に繰り返している。たとえば、年金費用の償却期間の変更等である。これらのオペレーションの結果、デリバティブ取引による中長期ヘッジを行っている前者のほうが後者よりも金価格比での資産価値の変動率は17％少ない結果を示しているとのことである。また、Tufano (1996) は、北米の金採掘企業48社について1991～93年のデータを用いて分析した結果、経営者自身がストックオプションではなく普通株式をより多く保有する企業は、本業リスクである金（きん）の価格リスクをヘッジしていると報告している。

企業価値向上のためには、経営者がヘッジ回避的になるような報酬体系を設計するのと同時に、さらに中長期的な株式価値を示す指標とリンクさせることが望ましいのかもしれない。

(4) 安定的な内部資金を保持することによる投資促進（過少投資問題の解決手段）

ヘッジをしない企業はキャッシュフローが安定せず、内部資金が留保できないので、研究開発のような投資に対しては一般的にコストの高い外部資金によってまかなわざるをえないことになり、必要な投資が抑制的になってしまうリスクがある（キャッシュフローのボラティリティが高い企業が投資を抑制したり、資金調達コストが高くなったりすることは、Minton and Schrand 1999によって実証されている）。投資の抑制、すなわち企業の成長オプションを抑制すれば、その企業の将来価値が小さくなることは当然といえよう。そこで、Froot他（1993）は、ヘッジ行為が、適切な投資を促進する効果を生み出すという。

外部資金のコストが高いのは、債務自体がディストレス・リスクなどの追加的コスト（deadweight cost）を惹起するし、外部の債権者は内部関係者に比較して当該企業に関する情報が少ない（情報の非対称性）ため、高いリターン（利回り）を要求するからだ（「ペッキング・オーダー仮説」、Myers and Majluf 1984）。また、外部資金が多いとディストレス・リスクが生じる可能性が高まる。逆にいうと、企業価値の向上のためには、追加的コストのない内部資金を確保して投資を行うことが必要だが、そのためにはヘッジ取引によって内部資金を安定化させる必要があるのだ[4]。

あわせて検討すべきものとして「過少投資問題（Underinvestment problem）」（Myers 1977）というテーマがある。これは、新しいプロジェクトへの投資にはリスクがあるにもかかわらず、既存の負債があると、株主は債権者に対する元利の支払を行った後でないと新しいプロジェクトからのリターンを受け取ることができないので、新しいプロジェクトのNPV（正味現在価

値）が単にプラスというだけではなく、既存の債権者への元利金弁済以上にリターンの大きいものでないと投資を抑制してしまうというものである。したがって、株主が適切な投資判断を行うためにも、高コストの外部資金に依存しないような内部資金の積上げや既存プロジェクトのリスクヘッジが必要になるということだ。

ヘッジによって内部資金が安定化するということは、収入を上回る支出（たとえば、燃料費支出）の上振れリスクをヘッジすることがキャッシュフローの減少を防ぐということを意味し、これがディストレス・リスクを抑制し、その結果、余剰資金（フリー・キャッシュフロー）が確保されやすくなると考えることが可能であろう。また、ヘッジによるディストレス・リスクの抑制で、利息に含まれる信用リスク・プレミアム、すなわち債権者への支払

---

4 数式で示すと以下のとおりになる（Froot他 1993）。
まず、「企業価値」が「投資」に対して上に凸の関数（図表2−2と同じ形状）になることを証明している。

I（投資）$= w$（内部資金）$+ e$（外部資金）……(1)
$C(e)$（またはC）：外部資金を取り入れた場合の追加的コスト（deadweight cost）。
$F(I)$（投資による正味利益）$= f(I)$（投資リターン）$- I$……(2)
P（正味期待利益：企業価値とみなす）$= \max (F(I) - C(e))$……(3)
：企業価値は投資による利益から追加的コストを差し引いたものの最大値である。
(3)に(2)を代入し I で微分すると
$f' - 1 - C' = 0$ ……(4)
(1)から $e = I - w$、これを(3)に代入し w で2回微分すると

$$P'' = f'' \times \left(\frac{dI^*}{dw}\right)^2 - C'' \times \left(\frac{dI^*}{dw} - 1\right)^2 \cdots\cdots(5)$$

：I^*（最適な投資）は(3)の P を最大にする I。
(5)に(4)を微分した式を代入し書き改めると

$$P'' = f'' \times \left(\frac{dI^*}{dw}\right) \cdots\cdots(6)$$

(6)の前項 f''（逓減的である限界投資リターン f' の微分値）は負であり、後項 dI^*/dw（内部資金は最適な投資に対して正のインパクトを有することを示す）は正であるため、P の2階微分値が負、すなわち上に凸の関数であることになる。
したがって、本文(2)項の議論と同様にディストレス・リスク等をヘッジすることが P の期待値を上昇させるし、そもそもディストレス・リスクなどの追加的コスト $C(e)$ をもたらす外部資金を調達するよりも P を最大化する内部資金 w を確保できるようなヘッジ取引を行うことが望ましいことになる。

コストを下げることができるので、結果的に新しい投資からの株主へのリターンが高まることや、減価償却等の増加による節税効果をもたらすことにもなり、それは、すなわち企業価値を高めることになるのである（Bessembinder 1991）。

これに関連してCulp (2001) は、負債が外貨で評価されるプロジェクトを例にあげて説明している。外貨建ての負債は、為替レートの変動（たとえば、日本の企業ならば円安）によって過大評価されるリスクがあり、これは過少投資問題を生じかねないため、投資を促進させるためには外貨建て負債の為替リスクヘッジが有効であるとする[5]。

(5) エージェンシー・コストの抑制

a 資産代替問題の解決手段

負債を増やして新しい投資を実行する際に、債権者はディストレス状態を避けるようリスクの低い投資を要求するのに対して、反対に株主はその資金を入手するとリスク選好的になり、ハイリスク・ハイリターンの投資対象を選択するという「資産代替問題」（Jensen and Meckling 1976）が生じるといわれている。債権者は企業価値がマイナスにならなければ（企業のバランスシートを念頭に置けば、資産価値が負債価値を下回らなければ）債権は保全されるので、それを大きくプラスにする必要はない（企業価値が大きくなっても、通常の債権債務契約では金利を上げることはないから）のだが、株主（株式価値）は債権者への利払い後の状態、すなわち企業価値が大きくプラスにならなければ（資産価値が負債価値を上回らなければ）リターンが得られないし、失敗しても株主有限責任制度により出資金額までの損失にとどまるからである。別の表現をすると、債権者が、企業価値に関して債権簿価（企業からみた負債簿価）をストライクレートとしたプットオプションを売っているのに対して、株主はコールオプションを買っていることになる（図表2－5）。特

---

[5] ただし、この負債が外貨のまま海外の投資等に使われるのならば資産とバランスするため、このようなヘッジは不要なものと考えられる（第Ⅱ部第5章参照）。

図表2−5　企業価値と債権価値または株式価値の関係

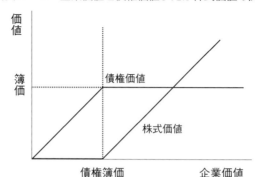

に経営者が株式を保有している場合、リスクの高い投資行動をとるので、それが失敗して企業価値が下落するコスト（一種のエージェンシー・コスト）を債権者が考慮する必要があるのだ。すなわち、ハイリスク・ハイリターンの投資対象を選択する企業の借入金利は高くなる。

　したがって、株主またはそれに忠実な経営者がハイリスクの投資を行わないように、債務契約にコベナンツ6を取り入れるか、ヘッジ行為を債権者にコミットさせることが望ましく、そのことによって、負債コストを引き下げることができる（Culp 2001）。特に、企業価値が簿価を下回らない（資産価値が負債価値を下回らない）プットオプションに相当するなんらかのヘッジ手段があれば、債権者の利益を侵害することなく、株式価値を上げることが可能である。

　ただし、Leland（1998）は、このエージェンシー・コストは、そもそもMM理論でいう負債の節税メリットよりもはるかに小さなインパクトしかないという分析を行っており、さほど重要視しなくてもよいかもしれない。

6　財務制限条項。融資契約上、債務者の財務指標や格付け等の変化に応じて債権者への報告や期限前返済等の諸条件を課す内容となっている。

b　フリー・キャッシュフロー問題の解決手段

　Jensen and Meckling (1976) はまた、企業が巨大化する現代では株主が経営者をモニタリングすることがむずかしくなり、余剰資金（フリー・キャッシュフロー）が発生すると経営者自身の私的利益（一種のエージェンシー・コスト）を拡大する可能性が出てくることを指摘している。経営者の私的利益とは、自己への報酬やフリンジ・ベネフィットを大きくすることや、個人的趣味や人気取りのための投資（いわゆるペット・プロジェクト）を行うことなどである。株主がこのような非効率な投資リスクを予防するためには、負債を取り入れてフリー・キャッシュフローを元利支払に充当させ、さらに銀行等の当該債権者によって経営者を監視させることが重要になる。ただし、監視のための新たなエージェンシー・コストが支払利息に追加されることになるので、Culp (2001) は、このコストを引き下げるために、経営者が新しい投資から発生するリスクをヘッジすること、すなわち当該プロジェクトに関するディストレス・リスクをヘッジする必要に迫られるというのである。

　しかし、上述(4)でも述べたように、外部資金よりも内部資金のほうが企業価値向上には重要であるし、あまりにも債権者を重視しすぎると本当に必要な投資がなされなくなる可能性がある。したがって、経営者の私的利益支出に対して株主自身のコントロールも及ぶようにすべきであり、そのためには、透明性の高いディスクロージャーを実施しなければならない。そして、効果的なヘッジ会計[7]制度を前提として、経営者にヘッジ行為をコミットさせることが望ましいものと思われる。

---

[7]　ヘッジ会計とは、デリバティブ取引などヘッジの手段として用いられる取引と資産・負債やキャッシュフローなどのヘッジ対象との会計上の損益認識時期のズレを調整する会計処理のことである。わが国では、時価評価されているヘッジ手段の評価差額をヘッジ対象の損益が認識されるまで繰り延べる方法（繰延ヘッジ）がとられる。

自己資本の解放による企業価値向上

(1) リスクファイナンスによる資本代替

　企業がさらされているリスクにはさまざまなものがある。自然災害や事故等の大きな損失リスクから事業に内在するリスク、原材料価格や売上価格および金利・為替・保有株式等の変動リスクが主なものであろう。これらに対してデリバティブ取引や保険でヘッジを行うことで損害発生時においても事業に必要な一定のキャッシュフローが維持され、資本が毀損されることが予防できる場合がある。このように企業リスクに応じて困難になる資金調達への対策のことをリスクファイナンスと呼ぶことがある。リスクファイナンスには大きく「リスク保有」と「リスク移転」の2種類があり、リスク保有は事前に蓄えておいた自己資金（内部留保）によってリスクに対応することを指し、リスク移転はデリバティブ取引や保険などによって第三者にリスクを移転する方法をいう。このリスク移転の手法を採用することが、先述（第1節(2)項）のとおりディストレス・リスクのヘッジになり、負債余力が生じ、リスクに備えるバッファーとしての自己資本を「相対的」に減らすことにつながる。このようにヘッジ行為は一種の資本代替手段と考えることができるのである（Stulz 1996、花枝 1997、Culp 2004）。

(2) 自己資本の意義（バーゼル規制の含意による）

　ところで、銀行の自己資本の充実を求めるバーゼル銀行監督規制における信用リスク管理の内部格付手法[8]では、銀行がさらされているリスク、すなわち非期待的損失額（Unexpected Loss）に相当する自己資本が求められている[9]。非期待的損失額とは、銀行が対応しようと考える最大損失額（VaR:

8　たとえば、2004年1月30日公表テクニカル・ペーパー：Basel Committee on Banking Supervision。

Value at Risk)**10**から期待的損失額（Expected Loss）を差し引いた残りの、発生可能な損失額のことをいう。期待的損失額は、過去のデータ計測期間において平均的に発生した損失であるため、これに自己資本を充当することは減資につながり、事業の継続性、ひいては債権者（預金者）の財産を危うくするものである。したがって、バーゼル規制では、この期待的損失額には引当金（期間利益）を充当**11**し、そして、これを超える一定の非期待的損失額、すなわちいわば超過リスクに対して自己資本（リスク・キャピタルともいう）を準備しておこうというものである。

　この考え方は銀行のみならず、一般企業においても妥当するものであろう。すなわち、事業を実施、継続するためには、期待的に発生する損失は期間利益の範囲で対応し、自己資本（リスク・キャピタル）は非期待的損失額、超過リスクに備えるべきものであり、そして、この非期待的損失額をヘッジによって抑制できるのであれば、そのことで自己資本を減少させることができる（図表2-6）。ヘッジを行うことで、銀行等からの評価が上がり借入コストが減少するなど期待的損失額のある程度の抑制は期待できる。しかし、これまで本章でみてきたようにディストレス・リスク等、非期待的損失額の生じる事象こそがヘッジにより抑制できるものと考えられるのである。

9　「銀行法第14条の2の規定に基づき、銀行がその保有する資産等に照らし自己資本の充実の状況が適当であるかどうかを判断するための基準（金融庁告示第19号）」（以下、金融庁告示19号）2条、152条、153条等。

10　たとえば、観測事象で発生確率1％未満の損失に対しては企業の存続はあきらめるが、それ以外の損失には備えるという経営方針であれば、信頼区間99％の最大損失（VaR）を想定するということである。この信頼区間のVaRから期待損失額を差し引いた非期待損失額に対応する資本（リスク・キャピタル）を積むことがバーゼル規制で要求されている（自己資本比率規制）。この信頼区間をどの程度の大きさにするかが経営の判断である。

11　バーゼル規制では、期待損失額に対して引当金が不足する場合は、その不足分が自己資本から控除されることになる。たとえば、金融庁告示19号5条2項1号ニ、BaselⅡ: International Convergence of Capital Measurement and Capital Standards: A Revised Framework, Part 2: The First Pillar-Minimum Capital Requirements, paragraph 385等。

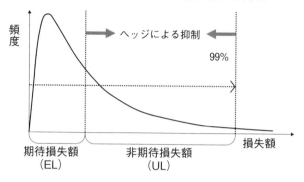

図表2−6　ヘッジによる非期待的損失額の抑制イメージ

(3) ヘッジによる積極的な資本・負債戦略と企業価値向上

　また、ヘッジは必要自己資本を消極的に減少させる、すなわち自己資本を解放するだけではなく、解放されたこの自己資本を使って、新しいプロジェクトに投資する余裕が生まれる（津森他 2005）。余剰資本を新たな原資としたレバレッジ（負債調達）を積極的に用いることで、事業利益の拡大と負債の節税効果という相乗効果をもたらし、さらなる企業価値の創造が期待できるのである。

　Carter他（2006）は、米国の航空会社28社を調査し、第1節(4)項であげた「過少投資問題」の解決手段（安定的な内部資金を保持することによる投資促進）としてのヘッジ効果を強調している。それは、燃料費が高騰し、経営の困難になった中小の同業者が「特売セールス」に出されて、逆にヘッジによってキャッシュフローに余裕のできる大手会社による買収が行われるからで、それが投資家に評価されている、すなわちトービンのQが高くなるとしている。明示的にリスク・キャピタルに言及しているわけではないが、結果的には同様のことを示唆することになろう。

　また、ノーベル経済学賞受賞者であるマートン教授は、企業にとって付加価値を生み出さないリスクを「パッシブ・リスク」[12]と名づけ、これを減少

させて、付加価値を生み出す有望な事業に係るリスクを負うべきだとする（Merton 2005）。このパッシブ・リスクには、リスク・キャピタルというクッションで対応するか、デリバティブ取引や保険で対応するかいずれかを選択することになるが、新株発行によるリスク・キャピタルの調達は、証券会社等への手数料や株主配当への課税、さらにはさまざまなエージェンシー・コストがかかることになるため、デリバティブ取引や保険13で対応することが望ましい場合があるとしている。

筆者は今後の企業価値向上を目的とする経営戦略においては、ヘッジにより自己資本を解放し、その積極的な活用という観点が重要になってくるのではないかと考えている。

また、次章で説明するように、EVA（経済的付加価値、Economic Value Added）やROE（株価収益率、Return on Equity）といった近時重視されている企業経営指標が、ヘッジによって向上するし、安定もすることをモデルの分析により示すことができる（福島 2003）。

 ## 実証研究の紹介

これまでみてきたように、ヘッジに関するファイナンス理論が数多く発表されているが、そこでの議論を実際のデータを利用して検証しようという研究も大量になされている。ただし、ヘッジによって企業価値が向上することを実証できたとする研究もあれば、実証できなかった、または反証（マイナ

---

12 投資・運用において、資本コストを上回らないことからそういわれている「パッシブ運用」と同様に付加価値を生み出さないため、このように名づけたようである。
　Mertonは、パッシブ・リスクの例として、新聞社における新聞紙製作コストの変動リスクや製造業の年金資産と年金債務のミスマッチ・リスクをあげている。
13 なお、地震・天候リスクや信用リスクのようにデリバティブ取引と保険の両方で対応できる場合がある。デリバティブ取引と保険の大きな違いは、保険によると査定の手間やてん補金額の減額の問題が起こりうることに対して、デリバティブ取引では契約に規定されている数値条件での支払がなされる点である。

スの効果）を示す研究もある。分析で用いられている変数の多くが代理変数であり、必ずしも直接的に検証しているとはいえないことに注意が必要である（馬場 2001）し、データのとり方や対象期間によって結果が異なったということもある。たとえば、本章第1節(1)項に示した累進税率による企業価値の振れリスクのヘッジ効果に関してNance他（1993）は肯定的だが、Mian（1996）、Brown（2001）、Graham and Rogers（2002）等は否定的である。

ちなみに、わが国の法人関連税（国税および地方税）は、資本金1億円以下の中小法人または所得金額800万円もしくは400万円で税率が変わる制度設計になっており、デリバティブ取引を主に利用する規模と考えられる資本金1億円以上の企業のヘッジ戦略採用にとっては、税率のインパクトは小さいのではないかと思われる。ただし、うまく節税対策が進んでいる企業では有効であろう。

(1) 企業規模との相関性や利用目的

種々の実証研究でおおむね一致しているのは、デリバティブ取引のスケールメリットのために規模の大きい企業のほうがヘッジを行っていることである（Nance他 1993、Mian 1996、Heaney他 1999、花枝 2002、Carter他 2006、芹田・花枝 2013）。Bartram他（2003）は「ソフィストケート」された企業が多いと表現している。日本でもインターバンクでのデリバティブ取引は億円単位であり、またヘッジ会計等を含めた管理体制をつくる必要があることから、規模の小さな企業がデリバティブ取引に取り組むことはハードルが高いのだろう。

Stulz（1996）は、大手企業のデリバティブ取引を用いたリスク管理実務例を検証し、それらがリスクを最小化するよりも、さまざまな思惑でリスクをとること、さらにはデリバティブ取引からリターンすら得ることをも目的として期待していることを明らかにした。理論的にはヘッジはディストレス・リスクを予防するためのものだから、負債の少ない企業や高格付け企業はヘッジの必要性は低いはずである。しかし、デリバティブ取引の自己ポジ

ションを設けてマーケットに影響を与え、これで利益を得ることのできる大企業は、リスクマネジメントを通じて他の分野のリスクテイク能力を獲得することも可能となるとしている。

逆に、Guay and Kothari（2003）は、米国企業（非金融産業）で1995年の時価総額が大きな413社についてそれらの1997年の財務データで調査した結果、企業規模やキャッシュフローに対するデリバティブ取引の感応度が小さいことが判明したとしている。それは、企業がデリバティブ取引をリスク全体の微調整として利用していること、分散した部門各々が利用していること等によるのではないかと推論している。

大企業ほどさまざまな面でデリバティブ取引を利用してリスクをコントロールすることは可能だが、わが国では、従前は一般的に、それは金利や為替等の「付随的」なリスクのヘッジが中心であり、たしかに本業に係るリスクについては放置していたり、デリバティブ取引は使わず販売価格への移転などの方法で対処していることが多かった。しかし、たとえば金融機関は当然、本業であり、その主要リスクである金融取引に関するデリバティブ取引を利用している。デリバティブ取引をヘッジ手段として利用するか否かは、対象となるデリバティブ取引の流動性、取引規模が重要な要件となり、それがデリバティブ取引利用に関する経営者の精神的バリアを緩和させることにもつながると考えられる。

(2) 日本企業に関する分析

花枝（2002）は、東証一部上場企業の1999年度3月決算企業455社を分析したところ、通貨デリバティブ取引を行っている企業は198社あり、海外営業利益・海外売上高など通貨リスクにさらされている企業ほど通貨デリバティブを利用していること、外貨建て負債の多い企業が通貨スワップを利用していることを明らかにしている。柳瀬（2011）と安田・柳瀬（2011）は、東証一部上場企業の2010年3月末決算企業のうち金融関連業種を除いた1,200社の財務諸表等を調査したところ、まずヘッジ会計を採用している企

業558社のうち47％が金利関連デリバティブ取引を行い、35％が通貨関連デリバティブ取引を行っているということであった。デリバティブ取引によるヘッジ文化が着実に進んでいることの証左と思われる。

　次いで、有利子負債比率（対総資産）の高い企業ほど金利デリバティブ取引によるヘッジを行っており、これはディストレス・リスクへの備えと考えられ、またその結果、次年度の負債比率が増加するのではないかと分析している。さらに、研究開発の伸び率が高い企業ほど通貨関連のヘッジに積極的であり、これは内部資金を確保するための行動であるとされている。

　また、芹田・花枝（2013）は、わが国の上場企業（銀行・証券・保険を除く）を対象としてリスクマネジメントについてアンケート調査したところ（2012年上期、回答社数435）、デリバティブ取引を利用した企業46.7％のうち、現預金比率の低い企業ほど金利スワップや為替予約などのデリバティブ取引を利用していることを明らかにした。

　これらの調査研究の結果は、企業のディストレス・リスク回避や内部資金保持を目的としたヘッジ理論と整合的といえよう。

(3)　企業価値を向上させたとする実証分析

a　トービンのQやキャッシュフローの向上

　ヘッジ活動が企業価値を高めていることを実証したのが、Allayannis and Weston（2001）である。米国の非金融産業の大手企業720社について1990～95年にわたり調査したところ、為替デリバティブ取引を利用した企業は、そうでない企業に比べてトービンのQ（これを企業価値の近似値とみなしている）が平均的に4.87％高いことが確認されたとしている。トービンのQとは、企業の市場価値（株式時価総額＋負債）/企業の再構築価値（総資産時価総額）である。たとえばこれが1を上回る、すなわち分子が分母を上回るということは、市場が当該企業価値について現有の資産よりも高く評価している、すなわち、企業の成長機会を市場がプラスに評価していることを示している[14]。同様にCarter他（2006）は、米国の航空会社28社について1992～2003年にわ

たり調査したところ、燃料費をオイル・デリバティブでヘッジした企業は、そうでない企業に比べてトービンのＱが５～10％高いことを確認している。この理由として、ヘッジを行う企業は将来の投資のためのキャッシュフローを確保して企業価値を高める、と投資家（株主）が判断するからだと推定している。すなわち、本章第１節(4)項で説明したとおり、ヘッジを過少投資問題の解決手段として評価しているというのである。

また、Graham and Rogers（2002）は、1994年の米国企業（非金融産業）469社のデータを調査した結果、デリバティブ取引による借入余力の増加によって、企業の資産時価が平均で1.1％上昇していることを示している。

Adam and Fernando（2006）も北米の金採掘企業92社について1989～99年のデータを用いて分析した結果、金価格の下落リスクをデリバティブ取引によってヘッジすることで価格リスクを大幅に減らすこととなり、実質的なキャッシュフローを増やしていることを証明している。すなわち、ヘッジにより金１オンス（約30グラム）当り年平均で25ドルもの追加的キャッシュフローを生み出しているとのことである。これに対して、Bartram他（2003）は、50カ国の事業法人7,319社の2001年のデータを調査し、その60％がデリバティブ取引を利用していること、為替関連デリバティブ取引と企業価値（トービンのＱ）との相関関係はみられなかったが、金利スワップ取引と企業価値との相関は高いことを示している。

また、Bartram他（2011）は、リスクヘッジを行った企業の株価リスクがそうでない企業株価より小さく（株価標準偏差：－18％、β：－６％）、利益（営業利益率、ROE等）もおおむね高いといった検証結果を出している。Campello他（2011）は、格付け等に影響を与える財務スコア（たとえば、財務状況を100点満点で評価したもの）が減少した企業は、債権者から要求されるローンスプレッドが上昇するはずであるが、ヘッジを行っている企業のローンスプレッドの上昇値が、ヘッジを行っていない企業と比べて16bps

---

14　日本では、1990年前後のバブル期にトービンのＱが１よりもはるかに大きな企業が続出したため、この指標に対するアレルギーが強いようである。

(財務スコア1標準偏差分の減少に対して)少ないことを明らかにしている。すなわち銀行等の債権者が、債務者におけるヘッジ行為をプラスに評価しているということであり、負債余力を増すことにつながるものと思われる。このように、デリバティブ取引によるヘッジ行為が、企業価値を向上させている、またはそういう評価を得る効果を生んでいるという実証分析が続々と発表されているのである。

b 株価やマネジメントへの貢献

Brown(2001)は、米国に基盤を置く国際的な耐久財メーカー1社のデリバティブ取引と企業価値との関係を調査している。この企業は、1997年の収入が100億ドル以上、海外での売上げがその半分程度、同年度末のデリバティブ取引残高が150億ドル超、うち為替関連残高で30億ドルという多国籍企業で、社名は明らかにされていない。ヘッジ行為が企業価値自体にインパクトを与えていることは証明できなかったが、ヘッジによるリスク管理を行う新たな理由を示した。すなわち、これまで議論されてきたような理由、すなわち累進税効果、ディストレス・リスクヘッジ、リスク回避的経営者の存在、投資キャッシュフローの確保のためというよりも、以下の点によるところが大きいという。

① 対外的に報告される収益が不安定であると株価に影響があるため、これを防ぐこと。

株式市場では、企業の予想利益を上回るケースより下振れするほうがその株価へのインパクトが大きく、アナリストも当社が為替リスクをヘッジすることを当然視しているとのこと。そして、為替デリバティブ取引が当該企業に対する市場評価を高くし、株価の為替レートに対する感応度を小さくしていることを証明している。

② 製品の販売価格が安定するので競合優位に立てること。

為替変動リスクをヘッジしていることの副次効果といえる。

③ 社内為替レートが安定することによって、為替変動に責任のない営業や製造等現場のマネージャーの活動を促進することができること。

この実証結果は、「リスクヘッジ」自体がIRに有効であるという実感にも合致している。

その他の研究

　デリバティブ取引によるヘッジに関する研究には、ほかにも以下のように興味深いものがある。

(1) 会計制度との関係

　DeMarzo and Duffie (1995) は、経営者がヘッジを実施するインセンティブは会計制度の影響を受けるとする。ヘッジ取引であるデリバティブ取引がヘッジ対象と区分されずに合算表記される場合は、デリバティブ取引だけが個別に時価会計の対象になるような会計処理と比べると、経営者はヘッジ行為に積極的であるというものである。

　経営者の報酬は会計的収益結果に左右されることが多いため、リスク回避的な経営者はその振れを小さくするためにヘッジを行う（本章第1節(3)項b参照）。同様に、ヘッジ対象とヘッジ手段であるデリバティブ取引の損益が対応するヘッジ会計が制度化され、これがディスクローズされる場合は、優秀な経営者はヘッジによって金利や為替等の本業以外の付随的なリスク、すなわちノイズを消去して、本来的事業に関する経営成果をアピールすることができよう。

　しかし、ヘッジ対象である負債が簿価処理されたり、輸出入の予定取引が計上されなかったりする場合で、それに対してデリバティブ取引のみを時価会計したり、ヘッジ会計の適用要件が狭いために会計的に乖離が発生する制度のもとにあると、経営者はヘッジ取引に躊躇することとなる。デリバティブ取引の時価の振れが期間損益に直接影響を与えるからだ。これでは、せっかくヘッジによりリスク回避しても、経営者はデリバティブ取引の時価の振

れによりステークホルダーから誤った評価を得る可能性があるだろう。わが国においても2001年3月期からデリバティブ取引等金融商品の時価会計およびヘッジ会計が導入されたが、その前の1999年度の事業会社におけるデリバティブ取引が著しく減少した（筆者の経験的観測）。これは、当時、筆者が所属する組織から国内大手企業にアンケートを行ったところ、その回答の多くが、明確なヘッジ会計処理方法が確定していないためであったという記憶がある。ちなみに、芹田・花枝（2013）の日本企業向けアンケートでも、デリバティブ取引によるリスクマネジメントが会計基準による影響を受けていると回答した企業が、64.1％にのぼっている。

このように会計制度がヘッジ取引に対して受容的な態度であるのか否かが、ヘッジを目的としたデリバティブ取引の拡大、さらには企業価値向上のための経営手法に大きな影響を及ぼすことに注意が必要である（第Ⅲ部参照）。

(2) 経営者の能力

Lookman（2004）は、北米石油ガス開発会社157社を1999～2000年に調査したところ、全般的なヘッジ行為と企業価値との因果関係は観察できなかったが、ヘッジ行為は経営者の能力を示す代理変数とみることができるとしている。すなわち、優秀な経営者は事業を多様化して分散ヘッジを行っており、さらにデリバティブ取引による金利や為替等の本業以外の付随的なリスクヘッジを併用して企業価値を向上させているとしている。

(3) 銀行取引との関係

同じくLookman（2005）は、北米石油ガス開発会社146社を1999～2000年に調査したところ、銀行借入の多い企業では商品価格リスクヘッジのためのデリバティブ取引が積極的に行われているが、社債等の銀行借入以外の負債が多い企業は消極的であったとする。それは銀行が融資契約上のコベナンツによって企業にリスクヘッジを促すなど、一般社債権者よりもモニタリング

能力が高いからだと分析している。逆の観点から、デリバティブ取引を積極的に推進する銀行は、取引先企業のリスクマネジメントを支援することになり、当該銀行の観点ではディストレス・リスクが削減され、少ない信用リスク・プレミアムでの融資が可能になるため、ローンのプライシングで他行比優位に立てるとも述べている。この意見は、ヘッジにより投資が促進されるという議論（本章第1節(4)項参照）とも整合的と思われる。資金調達方法に関してペッキング・オーダー仮説では、内部留保、銀行借入、社債、株式の順に情報の非対称性が拡大し、調達コストが大きくなるとしている。したがって、銀行借入は内部留保に次いでコストの低い資金であり、それだけでも社債等よりも企業価値を高めることになろう。

　また、先述（本章第1節(5)項b）したとおり、フリー・キャッシュフロー問題の解決手段としても、負債を取り入れ、当該債権者によって経営者を監視させることが重要とされている。わが国ではメインバンク制は過去の遺物となったといわれることもあるが、銀行による企業のモニタリングおよびヘッジ取引の慫慂は、自己の債権を保全するのみならず、株主等他のステークホルダーにも有意義であることをバンカーは再認識する必要があろう。

5　まとめ

　これまでの議論を参考にして、わが国の企業のヘッジ行為はどうあるべきかを以下にまとめてみたい。なお、ヘッジコストやデリバティブ取引の市場取扱金額を考えると、ヘッジを実施するにはそれなりの企業規模が必要となってくる。また、すでにディストレスの状況に至っている企業やベンチャー等少数株主しかおらず、イチかバチかの成長戦略をとることで意見が一致している企業は、一部のリスクはさておき企業価値全体をヘッジする必要はないものと考えられる。

(1) 節税効果の享受およびディストレス・リスクのヘッジ

　税額控除等さまざまな方策で節税を図り、累進税率制度において低税率を享受できる企業は、ヘッジによって税引き後企業価値（将来キャッシュフローの現在価値）の期待値の向上が検討できると考えられる。また、ディストレス状態に至る可能性があるが、ヘッジコストを勘案してもキャッシュフローの安定化を目的としたヘッジによって企業価値の期待値がプラスになる企業、すなわちディストレス状態を避けることができる企業、さらには、格付けの低下による借入コストの上昇を回避したい企業は、ヘッジできるリスクファクターをヘッジすることが求められる。また、その結果、負債の格付けは上昇（借入金利のスプレッドは低下）し、余剰資金が確保され、企業価値向上に有効な投資をしやすくなる。そして、株価の上昇も期待できよう。

(2) 自己資本の有効活用

　非期待的損失をヘッジによって抑制することで、その損失に備えるべき自己資本を解放することができるので、新たな投資プロジェクトがある企業は、余剰となった自己資本をその資金に充当することができ、さらに負債を増やすことで、支払利息の税控除効果（負債のレバレッジ効果）により企業価値が向上されるであろう。当面は新たな投資プロジェクトのない企業は、減資することで不要なフリー・キャッシュフローを減少させ、経営者の非効率的投資を事前に予防することができる。また、このことで資本コストが減少し、企業価値（ヘッジコスト勘案後）が増大するはずである。

(3) コーポレート・ガバナンスの観点

　わが国の企業は、株主のみならず、債権者、経営者、従業員等のそれぞれの効用を高めながら、企業価値を高めていく組織体であり、コーポレート・ガバナンスはそのコントロール・プロセスと考えられよう（田中 1998 等）。
　ハイリスクまたは非効率な投資や経営を続けるとディストレス・リスクが

発生するので、企業価値が不安定になり、特に債権者や従業員等ステークホルダーにとって不都合なこととなる。

　そこで、デリバティブ取引によるヘッジが重要となる。負債による節税効果や当該債権者によるモニタリング効果も重要ではあるが、それだけでは、過度に安定的な投資が中心となって、本当に必要な投資がなされなくなる可能性がある。したがって、経営者に対して株主自身のコントロールも及ぶようにすべきであり、そのためには、透明性の高いディスクロージャーを実施しなければならない。そして、効果的なヘッジ会計制度を前提として、経営者にヘッジ行為をコミットさせることが望ましい。デリバティブ取引の実施は、これまで報道された事故から想起されるマイナスのイメージを与えがちだが、堅確な内部統制を整備していれば、ヘッジ対象を明らかにする必要があり、すなわち、企業価値にとって何がリスクファクターなのかを明らかにしなければならなくなり、そして、適切なデリバティブ取引はそれをヘッジする有効なツールとなるのである。

　以上の議論は、株主等のステークホルダーに有意義な取組みにつながるものと考えられよう。銀行についても、債権者としての立場以上のモニタリング機能を有したかつての「メインバンク」というよりも、デリバティブ取引というヘッジツールの提供者として、そして出資も行っている場合には株主として企業価値の向上に貢献することになっていくものと考えられる。

第3章

ヘッジによる企業価値向上の検証
―企業経営指標EVA®・ROEの
　向上と安定化―

企業価値をわかりやすく示す指標として、ROE（自己資本利益率、Return on Equity）やEVA®[1]（経済的付加価値、Economic Value Added）が、わが国の経営においても注目されている。株主を重視し、かつ資本コストを抑えて利益をあげていくことを明確に認識するコーポレート・ガバナンスが根づいてきた、ということであろう。

　かたや、わが国でデリバティブ取引が登場してから20年以上が経過し、当たり前に取り扱われるようになってきた[2]。しかし、いまだにその取組みに躊躇を感じる企業経営者も散見されるようだ。米国のエンロン事件、投機目的などでの損失事例や「食わず嫌い」のせいもあるのだろう。

　前章では、デリバティブ取引が企業価値を向上させることを証明する理論や実証研究を紹介した。本章では、ROEやEVAといった企業経営指標の向上や安定化に対しても、デリバティブ取引が優れた効果を発揮することを確認したい。デリバティブ取引は、一般的には金利・為替や資産・負債価額、商品等の購入・売却価格等の変動リスクヘッジのために使う場合が多いが、ここでは企業の財務構造全体のヘッジという観点からのデリバティブ取引利用というものを考えることになる。

1　ROEとEVAの確認

(1) 定　　義[3]

　ROEは株主資本利益率（株主利益を株主資本で割った数値）で、企業が株主

1　EVAはStern Stewart社の登録商標である。以下では商標登録を意味する®は省略する。
2　第2章で参照したように、2010年3月末決算の東証一部上場企業（金融関連業種を除く）1,200社で、ヘッジ会計を採用している企業558社のうち47％が金利関連デリバティブ取引を行い、35％が通貨関連デリバティブ取引を行っているということであった（柳瀬 2011、安田・柳瀬 2011）。

資本を使ってどれだけ利益をあげたかを示す。EVA（経済的付加価値）は、税引き後の利益から株主が期待する利益を差し引いた残余金額をいい、それは企業の超過利潤である。将来にわたるEVAを累積したものの現在価値は、企業が生み出すキャッシュフローの現在価値に等しくなり、企業価値から非事業価値を差し引いた事業価値そのものである。

これらの指標は以下のとおり計算される。

$$\text{ROE} = \frac{\text{株主利益}}{\text{株主資本}}$$

$$\text{EVA} = \text{税引き後営業利益} - \text{投下資本} \times \text{WACC}\,[4]$$

以上の定義をもとに考えると、経営指標（ROE、EVA、または株主超過利益率）の向上には、営業利益をあげて（できれば、あわせて税率を下げて）、株主利益を上昇させ、WACCを下げることが必要となる（なお、投下資本を縮小させても、数値上のEVAは上昇するが、それでは企業の発展につながらないた

---

[3] EVAは正確には財務諸表の多くの項目を調整する作業が必要である。スチュワートⅢ（1998）99頁以下、白木・加藤（1997）23頁等。

ROEの計算式の分子「株主利益」は、税引き後・負債利子額控除後の利益（当期純利益）で、（営業利益－負債利子額）×（1－法人税率）。分母は、純資産の部の株主資本とする。2006年会社法施行以降、ROEの分母として一般的には「純資産の部」から少数株主持分および新株予約権等を除去した「自己資本」を用いるが、それでは企業の営業努力とは別の市場変動による「評価・換算差額等」を含むことになるため、ここでは「評価・換算差額等」を含めずに、資本金、資本剰余金、利益剰余金および自己株式までを合計した「株主資本」を用いて議論を進める。なお、「評価・換算差額等」の変動を抑制することの是非については、別途第5章第1節(4)項で議論する。

また、議論のあるところ（たとえば、宮永 2012）だが、本書では、ROEやEVAの計算において株主資本は時価ではなく簿価（会計上の価額、財務諸表における前年度価額といえる）を用いる。単純にいえば、計算時点の株式時価にはすでにその計算時点の当該年度EVAが内包されているからである（浅野 1999参照）。

[4] WACC（加重平均資本コスト、Weighted Average Cost of Capital）は、負債コストと株主資本コストを加重平均したもので、以下のとおり表す。なお、「負債」価値は時価も簿価も同様に把握されることが多いので、ここではその差は重視しない。

$$\text{WACC} = \text{税引き後負債コスト}(\%) \times \frac{\text{負債}}{(\text{負債}+\text{株主資本})}$$
$$+ \text{株主資本コスト}(\%) \times \frac{\text{株主資本}}{(\text{負債}+\text{株主資本})}$$

め、問題外である)。

EVAはまた以下のように書き換えることができる[5]。

EVA＝株主利益－株主資本×株主資本コスト

これは、右辺の第1項において営業利益から税、負債コスト(支払利息)を差し引き、そこから第2項の株主資本コスト額(株主が当該株式に投資する場合の期待収益)を控除したキャッシュベースの超過利益をみるためである。したがって、株主超過利益率[6]がプラスの場合は、EVAもプラスとなる。

(2) EVAを主要な経営管理指標として考える

ROE(株主利益/株主資本)は、それだけでは静的な指標にすぎず、経営者が能動的に目標とするものとはいえないし、株主が期待する利益、すなわち株主資本コスト(当該株式に投資する場合の期待収益率)の観点が欠如している。しかし、ROEを経営管理指標として利用する企業は、これをそのまま使うのではなく、ROEを何パーセント以上にしたいという目標値を設定していることが一般であろう。そして、この目標ROE(目標株主利益/株主資本)の成分である「目標株主利益」が(株主資本×株主資本コスト)を超過することを1つの基準と考えるのならば、この目標ROEの設定は、EVAをプラスにするという目標と同じことになる[7]。

---

[5] EVA＝税引き後営業利益－投下資本×WACC
　　＝税引き後営業利益
$$-(負債＋株主資本)\times\left(税引き後負債コスト\times\frac{負債}{(負債＋株主資本)}\right.$$
$$\left.+株主資本コスト\times\frac{株主資本}{(負債＋株主資本)}\right)$$
　　＝税引き後営業利益－(税引き後負債コスト×負債＋株主資本コスト×株主資本)
　　＝(税引き後営業利益－税引き後負債コスト×負債)－株主資本コスト×株主資本
　　＝株主利益－株主資本×株主資本コスト

[6] 株主超過利益率＝$\dfrac{株主利益}{株主資本}$－株主資本コスト

2 リスクヘッジによるEVAの向上

EVAの以下の定義式をもう一度みてみよう。

EVA＝税引き後営業利益－投下資本×WACC
　　＝税引き後営業利益－（税引き後負債コスト×負債＋株主資本コスト×株主資本）

本節では、この式の右辺における項のうち「税引き後営業利益」「税引き後負債コスト」「株主資本コスト」という変数に着目して、リスクヘッジがEVAの向上に有効であることを検討してみたい。なお、「負債」や「株主資本」を減らすことも数式上はEVAを上げることにはなるが、それは「投下資本」を縮小させることを意味し、中長期的には企業価値を低下させることになるため、採用しない。

(1) 税引き後営業利益への効果

税引き後営業利益は、プラスの方向に大きくなることがEVAの向上には

7　これを数式で検証してみよう。
　　ROE＝株主利益／株主資本、EVA＝株主利益－株主資本×株主資本コスト
$$\therefore \text{ROE} = \frac{(\text{EVA} + \text{株主資本} \times \text{株主資本コスト})}{\text{株主資本}}$$
ここで、
$$\text{目標ROE} = \frac{(\text{目標EVA} + \text{株主資本} \times \text{株主資本コスト})}{\text{株主資本}}$$
と置く。企業価値向上のためには、目標EVA≧0であることが必要である。
　そして、ROE＞目標ROEとなることが企業の目標とすれば、
　　∴EVA＞EVA（目標）≧0
　したがって、企業価値向上のための目標ROEを設定することは、EVAをプラスにすることと同じことになる。また、この目標ROEは、Equity Spread とも呼ばれ、企業価値向上の代理変数として注目されている（柳 2013）。

有効である。この変数は、製品やサービスの売上げ（プラス項目）や購入価格、経費、税金等（マイナス項目）から構成される。この部分が当該企業をその企業たらしめているところで、企業価値そのものであるキャッシュフローの淵源である。これらキャッシュフローの変動リスクをヘッジするためにデリバティブ取引が有効であり、当該リスクヘッジが企業価値の向上に有効であることは前章で確認した。

　たとえば、このキャッシュフローを安定化させることは、企業のディストレス・リスクをヘッジすることになり、経営者・従業員への報酬・給与や下請け会社への購買価格を引き下げることが理論上は可能であるし、累進税率制度下では税引き後純利益の期待値が向上することとなる。また、研究開発や設備投資へのキャッシュフローが確保され、将来キャッシュフローの拡大再生産も見込むことができる。原材料の価格上昇や輸出入代金の為替リスクがあっても、価格交渉ができなかったり、制度的に販売代金に転化できない場合であっても、そういったリスクをヘッジすることによって安定的な売上げが見込め、営業活動に好影響を及ぼすとも考えられる。

(2)　税引き後負債コストの抑制

　本節冒頭にあるEVAの定義式のとおり税引き後負債コストという変数は、小さくすることがEVAの向上には有効である。「税引き後」というのは、負債コスト（借入利息）は税控除の対象になるため、最終的な企業価値の算定には税効果勘案後のコストを考えることになるからだ。税引き後負債コストは、負債コスト×（1－法人税率）なので、税引き後負債コストを小さくすることは、法人税率が所与のため負債コスト自体を低下させることと同じである。

　リスクヘッジによって負債コストを引き下げることができるかということだが、たとえば、キャッシュフローの安定化、すなわちディストレス・リスクをヘッジすることで企業の信用状況が好転し、資金調達におけるリスク・プレミアム（金融機関からみた信用リスク・スプレッド）が低減するので、相

対的に負債コスト(金利)を下げることができる。たとえば、次節以下で検証するようにデリバティブ取引(たとえば金利キャップ)によって負債コスト全体の上昇を抑制することが可能である。

(3) 株主資本コストの制御

株主資本コストも、小さくすることがEVAの向上には有効である。株主資本コストは、企業倒産において一般的には株主資本による資金回収が最劣後するというリスクがあるため、負債コストよりも高くなるとされている。株主資本コストは、過去のROE等の数値や同業他社数値などによる推計値を用いることが多いが、理論的にはさまざまな算出手法があるものの、資本資産価格モデル(CAPM:Capital Asset Pricing Model)によることが一般的であろう。

[CAPM]
　株主資本コスト＝無リスク利子率＋β×(株式市場全体の期待収益率
　　　　　　　　－無リスク利子率)

このCAPMの式によると、株主資本コストを小さくするためには、個別企業の努力とは直接関係のない無リスク利子率および株式市場全体の期待収益率を排除して考えることになり、すなわち、β(ベータ)を小さくする必要があることがわかる。なお、株主資本コストを小さくするということは株主価値を毀損するのではなく株主のリスクを小さくするということである。βは、当該企業株式の市場全体の動きに対する感応度のことで、これが1ならば、市場全体と同じ動きをしていることになり、1より小さければ、市場全体の動きに比べて小さく動くといえる。市場全体の収益率に対する株式の収益率の傾きともいえる。

また、以下のように数式で表すことができる。

$$\beta = \frac{\sigma_{im}}{\sigma_m^2}$$

$$= \rho \times \frac{\sigma_i}{\sigma_m}$$

（注）　σ_i は当該企業株式の期待収益率の標準偏差、σ_m は株式市場全体の期待収益率の標準偏差（その2乗は分散）、σ_{im} は当該企業株式の期待収益率と株式市場全体の期待収益率の共分散、ρ は σ_i と σ_m の相関係数。

ここで企業自身の努力で β を小さくするためには、その構成要素である変数 ρ を小さくすること、および、σ_i を小さくすることである[8]。

ρ を小さくすることは、当該企業の株価の標準偏差が市場のそれと関係のない動きをすることであり、たとえば、景気に左右されないような利益を生み出すことで可能となろう。これを一企業の経営で対応することはむずかしいと思われるが、デリバティブ取引によりキャッシュフローを安定化させることで、ある程度は可能と思われる。

σ_i を小さくすること、すなわち、自社の株式の期待収益率の標準偏差を小さくするということは、やはり将来におけるキャッシュフローの安定が最も重要になってくるものと考えられる。そのためには、デリバティブ取引によるヘッジが重要であろう。

このようにEVAの定義式における各変数に着目することで、デリバティブ取引によるヘッジがEVAを高めることに有益であることが検証できる。

---

[8]　なお、一般論として、CAPMで算出される数値を将来の株主資本コストとして利用することは、β の変数 ρ や σ が過去の市場データに基づいて計算されるために問題であるとされる。しかし、本節では将来の企業価値を向上させる手法の1つとして将来の株主資本コストを小さくすることを議論するために、CAPMの形式を利用して、その変数 ρ や σ の将来の振る舞いを抑制することを議論しているのであり、CAPMの短所とは関係ないものと考える。

ヘッジによるEVAおよびROEの安定化を検証する

ここで、簡単な事例を用いて、EVAやROEといった企業経営指標の安定化に対してデリバティブ取引が優れた効果を発揮することを確認しておきたい。

(1) 前提条件

議論の前提として、検証対象の「モデル企業」（またはプロジェクト）について以下のとおり単純化した条件を置く。

この企業活動を1年間で評価すると考えよう。その販売するプロダクトは1種類（また、直接の計算には出てこないが、特別利益も特別損失もなく、減価償却費は全額設備更新のために充当、費用認識し、キャッシュの振戻しは行わない[9]）とする。

プロジェクト開始時点（期初）での資金調達額は100億円で、株式と借入れ（負債）が50億円ずつ、借入金利（負債コスト）は年平均1％である。そして、この金利状況であれば株主がこの資本金50億円に対して1年後に要求するであろう株主資本コスト[10]を7％と置く。

なお、企業価値は、（「負債」+「株主資本（株式の価値）」）である。プロジェクト開始時点（期初）は簿価であるが、期末評価は、（負債利子／負債コスト＋株主利益／株主資本コスト）で表そう。この第2項（株主利益／株主資本コスト）は、時価で表される株主資本（株式の価値）である。これで企業

---

[9] 減価償却費を振り戻さないところが、EVAがフリー・キャッシュフロー理論とは違い長期投資の評価に適しているところである。
[10] 株主資本コストやそこから計算されるWACC、ROE、EVAといった経営指標の計算要素である株式の価値（株主資本）は、簿価とする。本章第1節と同様、これを時価としたら、この1年の企業価値の変化が、これらの経営指標の計算結果に反映されないからである。なお、現在の株主資本コストを何％にするのかを決定するのもむずかしいが、ここでは柳（2013）の投資家サーベイを参考にしてリスク・プレミアムを6％とし、リスクフリーレートを1％と仮定した。

第3章 ヘッジによる企業価値向上の検証 63

図表3-1　負債コストの変化による企業経営指標の変化例 （単位：％以外は億円）

	1 金利が1％の場合（現状）	2 金利が0.5％に下落	3 金利が1.5％に上昇	4 金利が2.0％に上昇	5 金利2.0％：1.5％キャップがある場合	6 EVAがゼロになるレベル
営業利益	10	10	10	10	10	10
負債コスト（変数）	1.0%	0.5%	1.5%	2.0%	1.5%	4.7%
負債利子額	0.5	0.3	0.8	1.0	0.8	2.3
負債（＝簿価）	50	50	50	50	50	50
株主資本（期初：簿価）	50	50	50	50	50	50
株主資本（期末：時価）	81.4	87.3	76.0	71.1	73.0	50.0
企業価値	131.4	137.3	126.0	121.1	123.0	100.0
株主利益	5.7	5.9	5.6	5.4	5.6	4.6
株主資本コスト	7.0%	6.7%	7.3%	7.6%	7.6%	9.2%
株主超過利益率	4.4%	5.0%	3.8%	3.2%	3.5%	0.0%
WACC	3.8%	3.5%	4.1%	4.4%	4.3%	6.0%
ROE	11.4%	11.7%	11.1%	10.8%	11.1%	9.2%
EVA	2.20	2.50	1.90	1.60	1.75	0.00

(注)　株主利益＝(営業利益－負債利子額)×(1－法人税率)
　　　株主資本コスト＝7.0％＋(負債コスト－1.0％)×(1－法人税率)：7.0％、1.0％はそれぞれ金利1％時点（1列目）での株主資本コストと負債コスト

$$株主超過利益率 = \frac{株主利益}{株主資本} - 株主資本コスト$$

　　　または＝ROE－株主資本コスト

$$WACC = 税引き後負債コスト \times \frac{負債}{(負債＋株主資本)} + 株主資本コスト \times \frac{株主資本}{(負債＋株主資本)}$$

$$ROE = \frac{株主利益}{株主資本}$$

EVA＝株主利益－株主資本×株主資本コスト

　　　または＝税引き後営業利益－投下資本×WACC

価値の上昇が確認されよう。なお、負債の価値は一般的に時価も簿価も同じとみなしている。また、法人税率は一律40％と置く。

以上の条件から、当該企業のプロジェクト開始1年後の営業利益が10億円だった場合、各経営指標は、ROE＝11.4％、EVA＝2億2,000万円、株主超過利益率＝4.4％になる（図表3－1の縦1列目）。

企業経営分析においては、この営業利益や負債コスト（借入金利）、株主資本コストを変動させる必要がある。一般的なテキストでは、企業の本来的な事業活動の動向等で営業利益の増加を分析し、負債コストは一定にしている。しかし、ROE、EVAの算出過程で明らかなように企業活動とは事業活動と財務活動が両輪となるべきもの、すなわちトータルでのキャッシュフローが重要であり、以下では負債コストの変化を中心に議論していきたい。

(2) 金利（負債コスト）上昇時のROEとEVAの変化

そこで、ここからはプロジェクト開始時点の前提条件（借入金利1％）よりも金利が上昇するケースを想定して、当該企業のROEとEVAの変化をみてみよう（図表3－1）。一般的に金利が上昇するということは、景気が拡大していることを示しており、企業製品の単価も上昇して売上高が上昇するかもしれないが、販売管理費も上昇する可能性が高く、この企業では、金利上昇は営業利益に影響を与えない[11]という仮定を置くこととする。企業価値の下方リスクとデリバティブによるヘッジ効果を分析しているため、本項でみられる結果は「元気」な右肩上がりにはならないことに留意が必要である。負債（借入金）は、全額変動金利借入であり、当面、元本は返済せず、定額を借り続けるものとする。

ここでは、当社の借入金利（負債コスト）が上昇すると、1年後に振り返ってみた株主資本コストも同率（税効果勘案後のため60％）で上昇すると仮定

---

[11] 売上高と販売管理費が同率で上昇すると、その差である営業利益額は増加するが、ここでは負債コストに着目するため、できあがりの営業利益額には変化がないこととする。

する。当社の借入金利が上昇するということは、マーケット全体の金利が上昇するか、当社のクレジットリスクが悪化することを意味する。株主資本コスト算出式（CAPM）[12]に当てはめて考えると、前者であれば無リスク利子率が上昇することであり、後者であればβ値が上昇することを意味するため、結果的に株主資本コストも上昇することになる。

さて、金利（負債コスト）が上昇した場合、同様（その60％）に株主資本コストも上昇すると仮定すると、金利が2.0％に上昇すると（同4列目）、そのときのEVAと株主超過利益率は現状（同1列目）よりも小さくなってしまい、株主資本の時価も10億円程度減少してしまう。なお、金利が4.7％になったときにEVAと株主超過利益率はゼロになってしまう（図表3－1の6列目）[13]。

この結果、この企業の経営者は、非効率な経営をしていると既存株主からの批判にさらされる可能性がある。たとえば、販売管理コストを削減することや、負債を増やして[14]設備投資し、売上高を伸ばすこと等、営業利益増大を求められることになろう。

(3) デリバティブ取引導入による効果

そこで、金利（負債コスト、すなわち債権者の受取金利）が上昇した場合でも、当該企業の支払金利が上昇しなければ、EVAと株主超過利益率の下落が抑制されるということを検証してみよう。

a 金利上昇リスクヘッジのキャッシュフロー

具体的には、金利上昇リスクヘッジのための金利固定化スワップ取引か金利に上限を設けるキャップ取引を導入するのである。本デリバティブ取引を

---

12 本章第2節(3)項参照。
13 なお、株主利益や株主資本の価値がマイナスではないのでデフォルトとはいえないし、ROEも9.2％確保されている。このことから、目標値を設定しないROEよりもEVAのほうが資本コストを考慮した「よりシビアな経営指標」とみられる。
14 株主資本よりもコストが低く、節税効果も生じる負債比率が上がるため、WACCが下がりEVAが上がることになる。

図表3−2　借入れと金利固定化スワップ取引

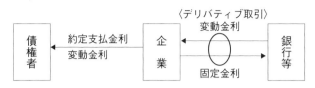

　導入するということは、デリバティブ取引の取引先との契約で当該企業の支払金利を確定または上限を設定するということであって、ステークホルダーでもある債権者の受取金利にはそのような条件は及ばないことに留意が必要である。

　銀行等のデリバティブ・ハウスと行う金利固定化スワップの場合は、借入金利が固定金利以下の場合は、その差額を企業が銀行等に支払い、固定金利を超える場合は、その差額を企業が銀行等から受け取るということで、図表3−2の金利キャッシュフローの矢印3本を合算差引きすると企業の支払金利は固定金利と同じになる。その一方で、債権者の受取金利は従前どおり変動することになる。

　キャップ取引の場合は、企業が手数料[15]を支払い、借入金利が一定金利（ストライクレートという）以下の場合は、銀行等との資金決済は発生しないが、一定金利を超える場合は、その差額を企業が銀行等から受け取るということで、企業の支払金利が一定金利を超えない一方で、債権者の受取金利は従前どおり変動することになる。

　第三者（銀行等のデリバティブ・ハウス）[16]とのデリバティブ取引により、企業サイドでの支払金利と債権者側の受取金利に差違を生じさせるのである。

15　会計上、この手数料を契約期間按分処理するため、その分、支払金利（コスト）が上昇することと同じになる。
16　債権者とデリバティブ・ハウスが同じ銀行であっても、銀行内の勘定（融資はいわゆるバンキング勘定、デリバティブ取引はトレーディング勘定）が違うため問題は生じない。

図表 3 － 3　キャップ取引による効果

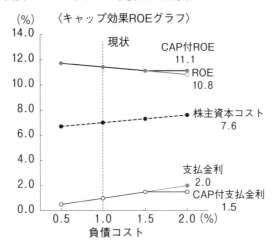

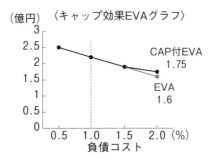

b　金利キャップによる検証

さて、図表 3 － 1 に戻って、デリバティブ取引導入の効果を検証してみよう。

左から 5 列目は、 4 列目の状態にキャップ取引を導入した効果を表したものである。債権者にとっての金利（負債コスト）が2.0％に上昇[17]しても、支

17　マーケット全体の金利が上昇するか、当社のクレジットリスクが悪化していることになるので、株主資本コストは 4 列目と同様に7.6％に上昇することになる。ちなみに、キャップ取引導入後のROEは、金利がいくら上昇しても11.1％で一定である。

払手数料込みのストライクレートを1.5%にするようなキャップ取引を導入して、企業の支払金利を抑制しているため、EVAと株主超過利益率の減少分は抑制されている。

図表3－3は、図表3－1における金利（負債コスト＝債権者の受取金利）の上昇時に支払金利をそのまま放置した場合と1.5%キャップ取引を導入した場合（項目名の前にCAP付と記す）の支払金利、株主資本コスト、ROEとEVAの比較を行ったものである。キャップ取引導入により金利上昇リスクに強い抵抗力があることを示している。なお、本検証ではキャップ手数料の支払コストは無視していることに留意が必要である。

以上の検証によって、変額金利の負債をもつ企業が金利上昇ヘッジのためにデリバティブ取引を行うことが、EVAにある程度のプロテクト効果を及ぼすことがわかるものと思われる。これは、一般的に金利上昇リスクをヘッジする財務オペレーションが企業価値全体に対して正しい行為であるという感覚ともマッチする。

c 実際のオペレーションへの適用

また、このことは、変動金利と固定金利との負債調達のバランスをどうとったらいいのかという財務の基本問題と軌を一にする。すなわち、金利上昇を見込む場合は、固定金利調達を増やし、変動金利調達を減らし、金利下落を見込む場合は、その逆のオペレーションを行うということである。まずは、このバランスを調整することによる負債コストの変化がEVAにどのように影響を及ぼすのかを計算すればよい。

しかし、その比率を決定することはむずかしい。金利などは相場物であるので、ある程度割り切って、すべて固定金利で負債を調達するとしてもよいが、一般的には変動金利調達に比べて固定金利＝長期金利のほうが高いので[18]、企業の負債コストが上昇してEVAを低くしてしまうおそれがある。

また、負債そのものを簡単に変動金利や固定金利に変更することもなかな

---

[18] 流動性プレミアム説やリスク代償説等にあるように、インフレ期待や信用リスクを背景として、長期金利が短期金利よりも高いのが一般的である。

かむずかしい。そこで、マーケットの動きに即応できるデリバティブ取引によって固定・変動金利のバランスを調整すること、しかも動的に繰り返して見直すことが望ましいものと考えられる。

ただし、現行のヘッジ会計では、1つの原資産・負債に対して頻繁にデリバティブ取引を実施したり解除したりした場合は、時価会計処理を求められる可能性が高い。その場合は、本ケースだとデリバティブ取引時価の前期比差額を損益として認識すべきであり、各期のEVAの振れリスクの要因となる。したがって、本来は複数のデリバティブ取引をパッケージでヘッジ手段として認識（いわゆるマクロヘッジ）すべきであろう。しかし、やむをえず時価会計になってしまう場合であっても、金利スワップ取引のように当初手数料のないデリバティブ取引では、契約期間を通してみると時価変動額の累積値はゼロになる[19]ので、長期的な財務の観点で投資を考えた場合には時価会計の影響度はないものと考えられる。

4 リスクファクターの特定と計測

(1) リスクファクターを特定する

前節まで、EVAで示される企業価値を高めるためには、デリバティブ取引によるキャッシュフローの安定化が重要であることを確認した。しかし、具体的にはどのような操作をすればいいのだろうか。それは、自社のキャッシュフローの特性を見極めて不安定な部分をヘッジするということにほかな

---

[19] スワップ取引を時価会計する場合、当初の時価はゼロとみなされ、キャッシュフローがなくなる最終年度の時価はゼロに戻るため、その間の時価が変動して、各年度の前期末時価差額が損益計上されても、損益を通年で合算するとゼロになる。キャップ取引等、手数料を支払うオプション取引の場合は、時価差額を通年合算すると手数料分の損失が計上される。それは、スワップ取引とは違い、市場実勢が不利な状況になった場合には支払義務が生じないためのコストと考えられよう。

らないが、個々の企業によってリスクファクターが違うので、具体的なヘッジ方法は一律には論じられない。金利や商品価格など個別にはリスクだと思われるファクターであっても、実は企業活動のなかで自然とヘッジされているものもあって、これらをヘッジすると逆にリスクが発生することもある（第1章参照）。ケース・バイ・ケースで注意深く対応していくことが重要である。

だが、一般論として、企業にとってどのようなリスクファクターがあるのかについて、デリバティブ取引によるヘッジ可能性を念頭に置いて、一般的な貸借対照表や損益計算書からみてみよう。

a　貸借対照表にみるリスクファクター

一般的な貸借対照表である図表3－4をみてみよう。まず、流動資産の現預金の預金、売買目的有価証券、短期貸付金、関係会社短期貸付金、固定資産の投資有価証券、出資金、長期貸付金、従業員長期貸付金、関係会社長期貸付金、流動負債の短期借入金、CP、固定負債の社債、転換社債、長期借入金等については金利変動リスクが生じうる。これらのうち外貨建てのものがあれば、為替リスクも発生する。なお、キャッシュフローとは直接結びつかないが、海外子会社への外貨建て出資金があれば、純資産の部：評価・換算差額等の為替換算調整勘定が為替リスクにさらされる。

流動資産の売掛債権、売買目的有価証券、短期貸付金、固定資産の投資有価証券、長期貸付金、従業員長期貸付金、差入保証金等には信用リスクや金利変動リスクが生じうる。流動資産の売買目的有価証券、固定資産の投資有価証券は金利変動リスクや株価変動リスクにさらされているだろう。固定負債の引当金、たとえば退職給付に係る負債または退職給付引当金であれば、株価変動リスクや金利変動リスクをファクターとして考える必要があるだろう。

流動資産の棚卸資産は商品価格変動リスクに、有形固定資産は不動産価格変動リスクにさらされており、両方ともに地震等の自然災害リスクにもさらされている。

図表3-4 貸借対照表例

流動資産	流動負債
現預金 売掛債権 棚卸資産 売買目的有価証券 前渡金 前払費用 未収収益 短期貸付金 関係会社短期貸付金 貸倒引当金	買入債務 短期借入金 CP 未払金 未払費用 前受金

固定資産	固定負債
有形固定資産 無形固定資産 投資等 投資有価証券 関係会社株式 出資金 長期貸付金 従業員長期貸付金 関係会社長期貸付金 長期前払費用 差入保証金 貸倒引当金	社債 転換社債 長期借入金 引当金 長期前受収益

	純資産
	株主資本 ｛ 資本金 資本剰余金 利益剰余金 評価・換算差額等 新株予約権・少数株主持分

　なお、売掛債権、有形・無形固定資産、差入保証金等のリスクをヘッジするために流動化した場合、それらが移転されたSPCにはキャッシュフローのズレのリスク（主に金利スワップで調整）が発生することもある。

b　損益計算書にみるリスクファクター

　次に損益計算書（図表3-5）をみてみよう。売上高や売上原価は、たとえば、輸出入があれば為替リスクに、市況商品があれば商品価格変動リスク

図表 3 − 5　損益計算書例

```
売上高
              売上原価
売上総利益
              販管費
営業利益
              営業外利益
              営業外費用
経常利益
              特別利益
              特別損失
税引前当期利益
              法人税等
当期純利益
その他包括利益
```

に、そして天候による影響があれば天候リスクにさらされている。

　営業外損益や特別損益には、売買目的有価証券や貸付金貸付先の倒産による損失や金利変動リスク等があるが、これらは貸借対照表におけるリスクファクターが顕現化したもので、重複するため、ここでは省略したい。

(2)　VaR・EaRを利用したリスク量の計測

　リスクファクターを特定したら、次に、これをデリバティブ取引でヘッジすることで企業全体の将来キャッシュフローの安定化を図り、EVAの向上が実現できるかを検討する必要がある。

　たとえば、金利をリスクファクターとする負債を特定したケースを考えよう。このケースで、事前に金利上昇を見込む場合は、固定金利調達を増やし、変動金利調達を減らしたり、固定化の金利スワップを取り組めばよい。また、金利下落を見込む場合は、その逆の行動をとればよいように思われ

る。しかし、金利などは相場物であり、どちらに動くのかを予想するのはむずかしい。また、どの程度、動くのかを予測するのもむずかしい。そこで、金融機関で研究されてきたVaR（Value at Risk）やEaR（Earning at Risk）による管理手法のノウハウを利用することが考えられる。

　ただし、こういった計測手法を導入するには、ある程度専門知識が必要である。金融機関が悪戦苦闘した結果、導入したものであり、EaRについては未導入というところも多い。また、リスクファクターを発見し、その振れを抑止するヘッジを行っても、柔軟性に乏しい会計制度や、効果の査定がむずかしいケースでは、ヘッジ会計が認められないことも多い[20]。しかし、実質的に企業価値を高めることができるのであれば、時価会計処理となっても躊躇することはないものと考えられる。そのためには、より詳細なディスクロージャーを行い、株主や格付け機関等と密接なコミュニケーションをとって（Merton 2005）、ステークホルダー全体の理解を深めるべきである。

a　VaRによるリスク管理

　さて、金融機関では、VaRという指標を用いたリスク管理が一般的である。VaRは、資産・負債の時価の変動の計測に利用するもので、ある短期的な将来期間における時価が最大でいくら毀損するかを確率的に求めるものである。市場リスク管理でいうと、たとえば、金利が0.1％低下したときに保有資産・負債の時価がどの程度変化するのか（単位変化量・デルタ）を把握し、その資産・負債に関する過去のデータから統計的に変動率（ボラティリティ＝標準偏差）を算出し、たとえば2標準偏差（シグマ）という共通の信頼区間（95.5％の確率）と売買清算期間（たとえば1カ月）、さらに対象とする資産・負債の相関関係をも勘案して、リスク量として算出するものである

---

[20] 第1章脚注15で紹介したように、GMは、海外の競争相手、特に日本企業からの円安時の輸出攻勢（Competitive Exposure）に備えて、その際に自動車代金をディスカウントすることで立ち向かえるように円建て社債を発行している（Desai 2004）。円安、すなわちドル高のため、ドル建てで財務管理を行っているGMは、円建て社債の償還金が少なくてすむことになるからだ。ただ、このような海外企業対抗を目的とした販売代金ディスカウントのためにデリバティブ取引を行おうとしてもヘッジ会計の適用は困難であろう。

(個々のVaR＝デルタ×ボラティリティ×√期間×信頼区間)。

しかし、このVaRは、金融機関のトレーディング勘定における短期の時価変動のリスク量を計測するのには適しているが、時価会計の対象となるような資産・負債の保有が少ない一般的な事業法人にはあまり意味のある指標とはいえないだろう。これに対して、期間損益の変動リスクを計測する指標としてEaRがある。これは、ある将来期間における期間損益が最大でいくら毀損するかを確率的に求めるものである。

b　EaRによるリスク管理

EaRは、まず、損益に変動をもたらす売上げ・原材料コストや金利・為替等の変動、資産・負債の価格変動のリスクファクターを特定、これらの相関を勘案した各ファクターの変動をモデル化、さらに、これらを反映した将来取引等の計画をあわせてモンテカルロ・シミュレーション等によって将来の期間損益の分布を作成する（図表3－6参照）。そして、各期間における分布の期待値を期待損益とし、たとえば分布の下側99パーセントに当たる期間損益額と期待損益との差を「99％EaR」という[21]。これは、その値よりも期間損益が悪くなる確率は1％というレベルを示している。ただし、ここで例示

図表3－6　EaRのイメージとデリバティブ取引による制御

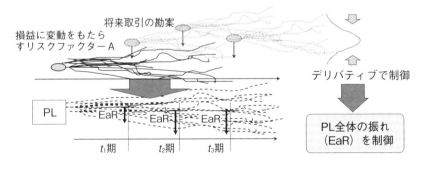

21　EaRについての解説として、たとえば、刈屋他（2005）、大久保他（1997）、佐藤（2007）、宗國（2008）。

しているEaRやVaRは、過去のデータに依存した数値であり、将来を予測するものとはいえないことに注意が必要である。

期間損益の分散が大きくなればEaR、すなわち期間損益リスク量は大きくなるので、これをデリバティブ取引により制御することが重要になってくる。

なお、EaRを小さくするということは、各期間のキャッシュフローを安定化させるということにほかならないことから、前章でみたようにEVAを向上させる要件であるσ_i（CAPMによる株主資本コストのβの要素で、当該企業株式の期待収益率の標準偏差）を小さくすることにもなる。まさに、EaRというリスク指標を用いることで企業価値向上を意識したヘッジ戦略が可能になるのである。

ただし、このEaRの算出は、かなり高度な計算技術を必要とするため、まずは、各リスクファクターの動きを総合的に勘案して、ネット・キャッシュフローの振れを計測し、これらの振れを抑制するデリバティブ取引を導入することからヘッジを始めればよいのではないかと思われる。

(3) デリバティブ取引を用いることでキャッシュフローを安定化させて企業価値を向上させる

第3節では金利スワップやキャップなど金利系のデリバティブ取引による企業価値向上効果を議論したが、「営業利益」を直接に安定化させるような商品デリバティブ取引、通貨デリバティブ取引や天候デリバティブ取引の利用も企業価値にとって意義のあることである。たとえば、売上げや原価に直接結びつく原燃料の石油や金属の価格リスク、降雨量や気温の変動に強く影響を受ける売上高のリスク（いわゆる天候リスク）をヘッジするためにデリバティブ取引を利用するのである。また、これら原資産の変動リスクのほうが金利のそれよりも一般的には大きいので、デリバティブ取引の導入は、よりインパクトの強いヘッジ効果を得ることができよう。

第Ⅱ部以下では、企業価値を向上させるためのデリバティブ取引活用戦略

についてみていこう。

5　まとめ

　本章では、議論を単純化するためにさまざまな条件を捨象した。実際の企業では、営業利益や株主資本コストなども複雑な動きを示すであろうから、それらを考慮した分析が必要になる。また、そもそも株主資本コスト自体の算出もむずかしい。

　EVAやROEは企業の単年度の経営状況を示すものであり、長期的な投資プロジェクトには不向きともいわれる。投資回収に時間のかかる長期的なプロジェクトでは、そのトータル・キャッシュフローの正味現在価値（NPV）をプラスにすることが求められるのだが、結局は、そのことは当該投資による将来にわたる数年間EVAの現在価値を高めるものであるということを証明する必要がある。

　逆に、デリバティブ取引のキャッシュフローの正味現在価値は原則的にゼロまたは手数料・コスト相当のマイナスであるため、長期的にはその導入意義はないとも思われがちである。しかし、前章および本章で確認したように、デリバティブ取引は企業価値の期待値を向上させるものである。繰り返しになるが、ディストレス・リスクのヘッジによって、債権者からみた企業の信用リスク・プレミアムを引き下げることで負債余力を生じ、さらにリスク資本の余剰を生み出し、新たな投資に資金を振り向けることができる。このようにフリー・キャッシュフローの安定を目的として、ヘッジできるリスクファクターはヘッジして、それがむずかしいリスクに経営資源を振り向けてリターンを獲得することが、企業価値向上に重要だと思われる。

　また、リスクファクターの振れを制御するヘッジを行っても、柔軟性に乏しい会計制度ではヘッジ会計が認められずに、かえって利益の短期的な振れを招くことも多い。しかし、実質的に企業価値を高めることができるのであ

れば、時価会計処理となっても躊躇することはないと考えられる。そのためには、より詳細なディスクロージャーを行い、株主や債権者、さらには格付け機関等のステークホルダー全体の理解と協力を得るべきである。

　デリバティブ取引を適切に使用すること、逆に使用しないことは、コーポレート・ファイナンスの問題を超えて、経営者がどう関係者への説明義務を果たしていくのかという問題、すなわちコーポレート・ガバナンスや内部統制にも直結してくる問題といえるだろう。

第II部

デリバティブ取引活用戦略

第Ⅰ部では、企業のキャッシュフローをデリバティブ取引により安定化させることで企業価値が向上するということをさまざまな観点から考察した。第Ⅱ部では、企業価値を向上させるヘッジのためのデリバティブ取引の活用戦略を事例に即してみていきたい。
　まず、第4章では、デリバティブ取引による先進的なヘッジ戦略を活用していることで国際的にも有名な航空会社の事例を考察したい。そこでは、自社のリスクやコストを詳細に分析したうえで、市場取引であるデリバティブを導入するにあたって時間分散の考え方を取り入れていることがわかる。
　第5章では、企業が直面するリスクに対してデリバティブ取引を用いて形態の異なるリスクに変換することで、事業コストやリスクを明確にした経営が可能になることを紹介したい。あわせて、為替換算調整勘定のヘッジに関する議論を整理する。
　第6章では、基本的な金利スワップからクレジット・デリバティブまで、いろいろな局面でこれらを道具として工夫を凝らして利用すると威力を発揮する事例を検討したい。
　そして、第7章では、契約済みのデリバティブ取引が不要になった場合に、最も有効に解約するための方策、出口戦略を考察する。あわせて、昨今議論になっているCVAを考慮する必要性も検討したい。
　これらは、一見、戦術レベルの内容のものと思われる。しかし、企業における重要なリスクファクターに対するヘッジとして避けられない検討事項であり、本質的な経営戦略レベルで不可欠な知見といえる。

第4章

分割ヘッジ事例の研究
――航空会社のヘッジ戦略――

石油や天然ガス等のエネルギー・デリバティブを燃料費のヘッジに利用する企業は多い。電力、ガスなど文字どおりのエネルギー業界はもちろん、海運、航空会社（空運）、バス・トラック等の陸運などの運輸関連企業ほかさまざまな企業の企業価値にとって、燃料費をいかにコントロールするのかが大きな影響を及ぼすことはいうまでもないことであろう[1]。

　本章では、先端的なヘッジ戦略に取り組んでいる航空会社の事例についてみていきたい。

燃料費リスク

(1) 燃料費と為替の変動リスク

　石油製品は、原油（クルドオイル）から精製され、沸点度合いでガソリン、灯油、軽油、重油などに分留される。なかでもジェット燃料は灯油と同成分でケロシンとも呼ばれ、北米地域ではメキシコ湾岸地域（ガルフコースト）、アジア地域ではシンガポール、欧州ではロッテルダムの市場価格が利用されている。また、ジェット燃料はドバイ原油価格に高い相関で推移するものの、原油に比べ現物取引は少ない状況にあり、ドバイ原油価格に1バレル当り10～20米ドル上乗せした価格水準にあると考えていいだろう。

　航空会社のコスト面でみると、会社によってさまざまであろうが、燃料費は営業費用の20～30％であり、人件費と並んで大きなウェイトを占めている[2]。燃料は原油価格等に直接さらされている市場性商品であり、価格の急

---

[1] Carter他（2006）では、米国の空運産業において燃料費変動リスクをヘッジしている航空会社の価値（トービンのQで代替。第2章3節(3)項参照）が、そうでない企業より5～10％高いことを証明している。

[2] たとえば、ANA2013年度決算（ANAホールディングス㈱ 2014年3月期決算説明会資料。以下、本文中のANA決算数値は本資料から引用している）では営業費用に占める割合が最大の燃料費3,661億円は27.5％、次いで人件費12.6％、外部委託費11.8％である。営業利益は653億円である。

激な上昇は航空会社の収益に大きなインパクトを及ぼす。しかも、米ドル建てで取引されているため、米国以外の航空会社にとっては為替リスク（日本企業であれば輸入サイドの円安リスク）にもさらされているのである。

　ANA2013年度決算では、この2種類のリスクファクターについて、それぞれ燃料油1ドル上昇に対する感応度を28億円、1米ドル1円相当の為替変動による収支感応度（米ドル以外の通貨は1％程度）を23億円として把握していることを公表している。市場リスク管理におけるいわゆるデルタ値である。

(2) 燃油サーチャージ

　しかし、燃料価格の変動があっても、これを売上げ、すなわち航空運賃にそのまま反映させることができれば、それは航空会社から乗客にリスクを転化することになる。2001年より国際航空運送協会（IATA）が導入した燃油サーチャージ（燃油特別付加運賃）が、その機能を提供している。ただし、営業上の競争戦略等から同一路線でも航空会社によって燃油サーチャージの額が異なることや乗客から徴収しないケースもあり、燃料価格変動リスクをすべてヘッジできるわけではない。運賃に対する燃油サーチャージの上乗せにより乗客離れが起こるリスクもあり、景気低迷時期にこの制度を継続できるか不透明であろう。なお、燃油サーチャージの一般的な指標はケロシンタイプのジェット燃料のスポット価格である。

　海運業界では重油サーチャージがこれに該当し、国内トラック業界でも燃料（軽油）サーチャージが導入されているが、それぞれ荷主との交渉力次第というのが現状のようである。

　また、為替に関しては、米ドル建てで運賃が支払われる場合は、自然とリスクヘッジされていることになる。

(3) バックワーデーション

　一般的にエネルギー市場や非鉄金属市場における市場価格や高金利通貨買

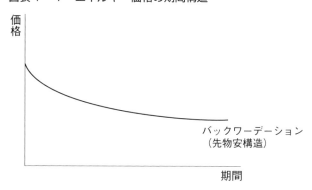

図表4－1　エネルギー価格の期間構造

い為替レートは、先物であるほど割安になる。すなわち、バックワーデーション（backwardation、図表4－1）と呼ばれる期間構造を示す（反対に、貴金属市場にみられる先高構造をコンタンゴ（con tango）と呼ぶ）。

したがって、長期の商品デリバティブ取引や為替予約、通貨スワップ取引を用いることで、それぞれのスポット価格より有利なキャッシュフローを得ることができることが多い[3]。

2　航空会社のヘッジ戦略

このように営業利益に大きなインパクトを与えるリスクファクターである燃料費の変動リスクを制御することが、航空会社の企業価値を高めるものであるとして、数多くの航空会社[4]がヘッジのためのデリバティブに取り組んでいる。

---

[3]　新村他（2009）160頁以下。
[4]　Cobbs and Wolf（2004）は、米国航空会社13社（2003年）を調査したところ、9社が燃料費ヘッジのためのデリバティブ取引を利用し、サウスアメリカ航空などヘッジ比率の高い企業ほど売上高比での株式時価総額も大きいことを示している。

以下では先進的な取組みを行っているドイツのルフトハンザ航空（以下、L社という）の事例についてみていこう。L社は、2003年のEnergy Risk Magazineの"Energy Risk Manager of the Year"のEnd User部門賞を受賞している[5]。

(1) 時間分散によるヘッジ

現代ポートフォリオ理論[6]では、ポートフォリオ内の銘柄数を増やすほどリスクは低減し、その程度は個別銘柄間の共分散に依存するとされる。また、実務の世界では、これを拡張して時間的分散効果、すなわち時間を分けて定期的に一定量を投資することがリスクヘッジになるとされている。たとえば、市場価格が一律に上昇したり下落することがわからないのであれば、ドルコスト平均法[7]での投資が推奨される。

a 分割ヘッジの仕組み

この時間的分散効果をヘッジに応用している企業の1つがL社である。図表4-2のとおり、ジェット燃料の現物を購入する24カ月前から毎月5％ずつ、18カ月にわたってトータル90％[8]の量に相当する原油デリバティブ取引を行っている。このような取引セットを毎月発生させているのである。ケロシンをインデックスとするデリバティブ取引で直接ヘッジできればよいのだが、長期のケロシンデリバティブ取引の流動性が低く、コストが高いため原油デリバティブ取引で代替しているのである。燃料であるケロシン価格と原油価格とは同じではないが、その相関はかなり高いはずなので、相当程度の燃料費変動リスクヘッジが可能である。また、一般論としてエネルギー先物価格の先安構造（バックワーデション）を利用することにもなり、効果を増すことになる。

---

5 Energy Risk, Vol. 7, No. 12, March 2003.
6 Markowitz (1952).
7 株式や為替などの市場変動商品を一度に購入せず、資金を分割して均等額ずつ定期的に継続して投資する手法。
8 L社ホームページによると2014年の最大ヘッジ量は85％。

図表 4 － 2　L社の燃料費分割ヘッジストラクチャー

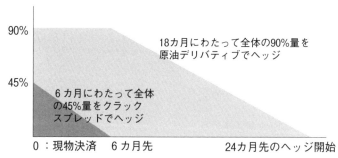

（出所）　L社ホームページより筆者作成

　そして 6 カ月前に至ると、毎月7.5％の割合（トータルで45％量）でケロシン価格と原油価格の差（crack spread）を埋めるオプション取引を購入している（図表 4 － 2 のグラフ左下の濃い色の三角形部分）。短期のケロシンデリバティブ取引は流動性や価格面でも使い勝手がよいのであろう。ここでも 6 カ月にわたって期間のリスク分散がなされている。

b　分散ヘッジポリシー

　L社では、このように時間的に分割するヘッジを行っている理由として、以下の点をあげている[9]。

・効率的な市場では、誤った判断も正しい判断も同じ確率で発生する。
・L社は市場環境にあわせながら市場価格の変動性（分散、variance）を最小にすることをヘッジポリシーにしている。
・変動性は緩やかなヘッジプロセスにより削減される。

　時間分散効果をねらった分割ヘッジ後の燃料価格は、各取引セットについて該当ヘッジ期間の移動平均市場価格になるため、図表 4 － 3 の太線のとおり、なだらかなグラフを描くことになる。すなわち、市場価格（薄い線）の急激な変化に抵抗力が強いことがわかるだろう[10]。ただし、その反面、燃料

9　Polzin（2008）.

図表4-3 市場価格と分割ヘッジのイメージ図

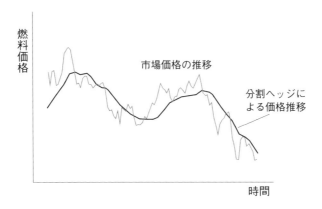

費が下落した場合は、追随が遅れてしまう。

(2) デリバティブ取引の選択

エネルギー・デリバティブにもスワップ取引やオプション取引がある。スワップ取引を用いて変動価格を固定化すると、価格上昇リスクは完全にヘッジできるが、下落した場合は当該取引自体に損失が生じる。ヘッジ取引によって企業価値の期待値が上がって、さらに結果的に各期の損失を抑えることができれば、ベストである。L社では、スワップ取引はプレミアムが不要だが割高になることがあり、オプション取引はプレミアムが必要であっても、極端なシナリオでのインパクトを抑制できる点にメリットがあると考え、以下のとおりカラーオプションを利用している[11]。

a　カラーオプション

L社では、当初24カ月に行うのは原油のカラーオプションである（図表

10　福島（2010）では、2001年4月〜2009年10月の各月末の円ドル為替スポットレートと分割先渡ヘッジによるレートの推移と、2000年4月〜09年10月の各月末の日本円3年物金利スワップレート（対3カ月LIBOR）と分割ヘッジレート等を示している。
11　Polzin (2008).

4 − 4)。カラーオプションは、一定の上限値を定めて、原油価格がこれを超えたら取引相手から差額を受け取れるコール・オプションの購入と、そのために支払うプレミアムを一部削減するために、一定の原油価格下落メリットを放棄するプット・オプションの売却を組み合わせたデリバティブ取引である。

ただし、L社では単純なカラーオプションではなく、図表4 − 5のようなオプションの複雑な組合せを行っている（2014年4月現在）。1バレル当り

図表4 − 4　原油デリバティブ・カラーオプションのイメージ図

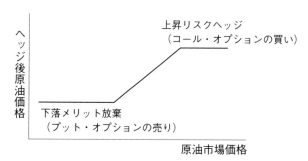

図表4 − 5　L社の燃料カラーオプションのイメージ図

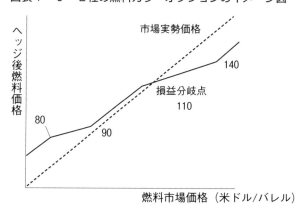

（注）　2014年4月25日現在。
（出所）　L社ホームページ（investor-relations）より筆者作成

110米ドルを損益分岐点と考えているようで、110ドルのコールを購入しているが、購入燃油量の全部ではなく半分をヘッジしている（コール購入後グラフがフラットではなく、市場実勢価格との間に描かれている。以下、すべての取引が同様に半分の量となっている）。このコール・オプションを購入するための支払プレミアムを節減するため、まず140ドルのコールを売却し、90ドルのプットを売却している。売却プレミアムを獲得するためである。したがって、市場価格が90〜110ドルの間ではL社の購入価格も市場価格と同じになる（ただし、購入プレミアムに残額がある場合はコストが上乗せになることがあろう）。また、80ドルでプットを購入し直している。L社では、このような4段階のカラーオプションの組合せを4WAYと呼んでいる。

推測にすぎないが、市場価格が80ドル以下に下落した場合は、やはり安くなった現物価格を享受したいし、140ドル以上に上昇した場合は、燃油サーチャージを確保できる環境になると判断したのであろう。なお、140ドルでコールを売り戻したとしても、購入したコール・オプションのストライクレートである110ドルとの差額30ドルの半分15ドル（想定元本の半量ヘッジだから）は、市場実勢価格よりも有利になることは留意する必要があろう。

b　クラックスプレッド

先述したとおり、L社では燃料購入6カ月前に至ると、毎月7.5%の割合（トータルで45%量）でケロシン価格と原油価格の差（crack spread）を埋めるオプション取引を購入している。このクラックスプレッドを埋めるオプションとして、L社はコリドー・オプションを用いていると公表している。具体的な利用方法は明らかではないが、図表4−6のようなイメージになるものと思われる。

燃料のケロシン価格と原油価格の差が発生すればキャッシュがもらえるようなコール・オプションを購入するのだが、その差が大きくなってしまうレベルでは、コールが外れるように売却するというものである。後者によって受け取るプレミアムで、前者の購入に必要なプレミアムをいくばくかは削減できるという仕組みである。

第4章　分割ヘッジ事例の研究　89

図表4-6 クラックスプレッド、コリドー・オプションのイメージ

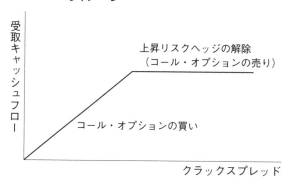

3 近時の戦略見直しと市場取引を対象としたヘッジ戦略のあり方

　燃料費リスクや為替リスクは、ここまでみてきたようにさまざまなヘッジ手法を駆使して対応することができる。しかし、より効率的・効果的なヘッジ戦略を探ることも重要である。燃油サーチャージや米ドル建ての運賃等によるナチュラルヘッジ、それに景気動向による売上インパクト、リスクファクター間の相関などを考慮することである。

　たとえば、ANA[12]では、燃油ヘッジについては燃油費を単に固定化するだけではなく、燃油市況と燃油サーチャージ等の収入との相関を考慮し、また為替ヘッジについては国際線拡大に伴う外貨収入の増加をふまえた効果的な外貨キャッシュマネジメントを推進することとしている。それぞれの変動リスクを回避しながら、収支安定化を実現する最適ヘッジ比率をタイムリーに行うということであろう。リスクファクターとしても燃料費、為替変動、燃油サーチャージだけではなく、原油価格変動と旅客数変化の相関等もみる

---

[12] 全日本空輸㈱ 2011-12経営戦略説明会資料（2011年2月25日）。

とされている**13**。包括的かつ高度なリスク管理体制に取り組んでいるものと推察される。

　さて、前章まで述べてきたとおり、企業価値を高めるためにはデリバティブ取引等による将来的なリスクヘッジが有効であるが、先物、オプション、スワップ等のデリバティブ取引は市場取引そのものであるため、その取組みにはタイミングが重要だと事後的に反省させられることが多い。いわゆるヘッジの掛け損になることがあるからだ。

　輸入企業を例にあげよう。輸入企業は、円安リスクを抱えているため、できるだけ円高時に将来の支払外貨フローに対する為替デリバティブを取り組むことが望ましい。この場合のヘッジ戦略について、たとえばAslund（2007）は、以下の3つに分類している。①輸入契約が決まったときなど必要なときごとに必ず事前（3カ月前など）にヘッジする、②ヘッジ対象の発生期日までの期間に分割したヘッジ取引を徐々に行う、③相場に関する専門家を配置してベストタイミング（いわゆる底値）を見計らったヘッジを行うというものである。①は、取引価格を事前に確定（通貨間の金利差は生じる）する、すなわち時間を前倒しにして予算化できるという、どちらかというと消極的な財務マネジメント手法といえる。そして、③の方法は、それが成功すればこんなによい話はないが、本当にベストタイミングであったのかということは事後的にしか判明しない。あるポイントが底値だろうと判断しても、相場がさらに下方に動くことはある。そして結果的に大きな損失を計上した企業は枚挙にいとまがない。また、金融市場に関する専門家を多数擁しているはずの金融機関が、大きな損害を出している例も目につくことである。正しい判断を求めても、それが誤った判断になる可能性は排除できないといえる。

　この問題に関しては、筆者はヘッジの目的を明確にした方針を立てて、それにのっとった取組みを進めることが重要だと考える。すなわち、ヘッジ取

13　日経Web　2011年6月7日「原燃料の乱高下から経営を守れ　ANAのヘッジ戦略」。

引をヘッジ対象と同様の相場観に基づくディールだと考えるのであれば、ベストタイミングをねらった対応をとればいいだろう。また、ディストレス・リスクを排除することを目的とするのであれば、プレミアムの安いアウト・オブ・ザ・マネーのオプションまたはカラーを購入する手法、または期間と想定元本を計画的に分割してヘッジする手法（上述したAslundによる分類の②）が望ましいのではないかと思われる。それは、激しい相場変動を緩和し、最悪のリスクシナリオを除外する効果があるからだ。

第5章

リスク変換のためのヘッジ戦略

本章では、企業が直面するさまざまなリスクのうち、そのリスク形態そのままでは当該企業として対応するのがむずかしいのだが、デリバティブ取引を用いて他のリスクに変換することによって対応しやすくなる例を考えてみたい。また、第1節では、海外展開している企業にとって重要なテーマである為替換算調整勘定のリスクヘッジについてあわせて議論したい。

海外子会社向け出融資金の為替変動リスクから金利リスクへの変換──為替換算調整勘定のヘッジの是非について──

　外国において自社で設立したり、買収した子会社に対して資金を供給する方法として、出資と融資がある。これらは、単体または連結会計ベースで把握しなければならないため、それぞれ期末時点において為替リスクを抱えることになる。この為替リスクを通貨スワップ取引等によってヘッジすることが、実は為替リスクを金利リスクに変換することになる。

　日本企業にとって通貨スワップ取引は、一般的には外貨キャッシュフローを円貨に変換するデリバティブ取引であるが、このように会計評価上のリスクヘッジ、さらには企業経営上のリスクを明確にする道具としての側面があることを紹介したい。そして、出資した場合の評価差額は為替換算調整勘定といわれ、そのリスクをヘッジすることの意義について、議論を整理したい。

(1) 海外子会社への出資金評価リスクのヘッジ

　海外子会社へ出資した場合、日本の親会社単体会計は取得時換算レートが適用され、決算時における換算によって生じた換算差額は、原則として、当期の為替差損益として処理される。また、連結ベースでも期末時点における当該出資金の為替評価変動リスクが発生する。キャッシュフロー上は出資時点で外貨に変換しているので、為替変動リスクはないはずだが、評価上は出

資金という外貨建ての資産勘定を各期末に円貨で評価するため円高になると評価損が発生することになる。

当該リスクは、会計上「連結調整勘定」（連結財務諸表の作成または持分法の適用に係る海外子会社為替換算調整勘定）に計上される。これは「純資産の部」の評価・換算差額等に含まれ、決算時レートで換算されるため当該純資産の部の勘定に出資時または前期末時点と比較した差額が計上される。またPL「当期純利益」の「その他包括利益」（いわゆるOCI；Other Comprehensive Income）にも計上される。一種の為替リスクといえる。

しかし、会計基準1によると、子会社に対する投資持分の為替リスクをデリバティブ等によりヘッジした場合はヘッジ効果も連結調整勘定に含めて相殺処理できることとされている。いわゆる時価ヘッジとしての効果である。この為替リスクをヘッジする場合、ヘッジ手法として最も簡便な方法は外貨負債を保有することであろう。そもそも当該出資金を調達するために外貨借入を行っていたのであれば、そのままの状態にしておけばよい。外貨借入ではなく、円資金を調達し、外貨へ転換して出資していた場合にヘッジするのであれば、デリバティブ取引で対応することになる。なお、実際にヘッジ取引を行うべきか否かについては、(3)(4)項で議論する。

a　為替予約によるヘッジ

出資金評価リスクに対しては、デリバティブ取引のなかでは為替予約が最も簡単な方法である。当年度（または翌年度）の期末時点における円高リスクヘッジ（外貨売り・円貨買い為替予約）を行う。こうすると、為替レートの動きに応じた出資金の円評価額と為替予約の評価額が反対方向に動くので、為替換算調整勘定においてヘッジ効果が生じる。そして、また「為替予約の決済時点で同額の外貨買い・1年後の外貨売り」の組合せを実施、毎年ロールオーバーしていくのである。この組合せで、外貨キャッシュフローは発生しないで、円貨による資金調整が毎年の決済時点で行われることになる。こ

1　「外貨建取引等会計処理基準」（1999年改訂）注13。

図表5-1　為替予約のロールオーバー例　　　　　　　　（単位：円／ドル）

時　間	t_0	t_1	t_2	注　記
スポットレート	100	90 (-10)	120 (+20)	各時点における決済レート （　）内は出資金評価損益
為替予約	-	95 (+5)	92 (-28)	1時点前に予約 （　）内はスポットレートとの差損益
為替換算調整勘定損益	-	-5	-8	ヘッジ会計適用

れで当該出資金の1年分の為替変動リスクを毎年ヘッジすることになるのである。

　たとえば（図表5-1参照）、毎年3月末決算の企業の海外子会社への出資金が1米ドルあり、子会社株式取得当初（t_0）100円で評価されたとする。1年後の3月末日を期日（t_1）とするドル売り・円買い為替予約を組んだら、1ドル＝95円であった。その3月末日決算時点（t_1）において、スポットレートが1ドル＝90円であったとすると、為替換算調整勘定において出資金からは10円の評価損、為替予約は5円の益が出るので、5円を相殺し、全体で5円のマイナスになる[2]。

　次いで翌年3月末日を期日（t_2）とするドル売り・円買い為替予約レートが1ドル＝92円だとする。その3月末の決算時点（t_2）では円安が進行して、スポットレートが1ドル＝120円であった。したがって、為替換算調整勘定において出資金は子会社株式取得時100円との差額20円の評価益、為替予約92円との差額28円の損失が出るので、全体で8円のマイナスになる[3]。なお、このケースでは、ヘッジはしなかったほうがよいことになる。

　このように毎年、為替予約を組んでいくと、大きな為替変動リスクにさらされる可能性は低くなる。それは、為替予約金額で出資金の期末円貨評価額を確定させるのと同様の効果が得られるからだ。為替の変動は企業の努力の

---

[2]　ここの会計処理に関してはいろいろな方法がありうるので、実際に実務で適用される場合は、特に公認会計士と相談されたい。
[3]　前注に同じ。

埒外なのでいかんともしがたいように考えられる。しかし、為替予約の直先スプレッド（上述の例では、子会社株式取得時100円と各為替予約レートとの差であるマイナス5円とマイナス8円）は予約期間の両通貨の金利差から計算されるものだ。この金利差にみられる金利リスクは、それ以上に事業収益を稼ぐことで対応すべきものである[4]。

為替予約を続けるということは、為替変動リスクを円貨と外貨の金利差リスクに変換していることになるのだが、毎年為替予約を組むという手法は煩雑である。また、出資という長期的な資金の性格上からも短期の為替予約の対応はわかりにくい面がある。そこで、より長期の契約形態である通貨スワップ取引を考えてみたい。

b　通貨スワップ取引によるヘッジ

ここでは、米ドルによる出資金は円貨で調達されていることとする。先述したとおり外貨で調達して、当該外貨負債が残っていれば為替換算調整勘定のリスク問題は生じないからである。本事例で取り組む通貨スワップ取引は為替レートの動きに応じて、その評価額が出資金と反対方向に変動する必要があるため、外貨負債と同じ価値をもつ米ドル金利払い・円金利受取り、最終期日の米ドル元本支払・円元本受取りタイプのもので、出資金と同額とする（図表5-2）。なお、出資金と同額にするか、それ以下のいくらにするのかは、ヘッジ戦略によって変わりうる。

ちなみに通貨スワップ取引は当初元本交換があってもなくても、どちらでもよい。ドルの出資金を調達する必要がある場合は、手持ちの円貨を通貨スワップ取引の当初元本交換によってドルに転換することが便利であるが、すでにドル資金を手当しているのであれば、当初元本交換は不要である。結局はスポットレートで等価値と評価される元本同士を交換するのだから、その

---

[4] 究極的には、低金利の円貨で資金調達して海外出資をするという金利メリットを享受するが、為替リスクの放置によるデメリットが生じるということと、為替リスクはデリバティブ取引でヘッジするが、そのことで負担する円ドルの金利差（ドル金利が高いことを想定）以上の事業利益を稼得する経営方針をとることとの対比となる。

図表5-2　通貨スワップ取引による海外子会社向け外貨出資ヘッジ

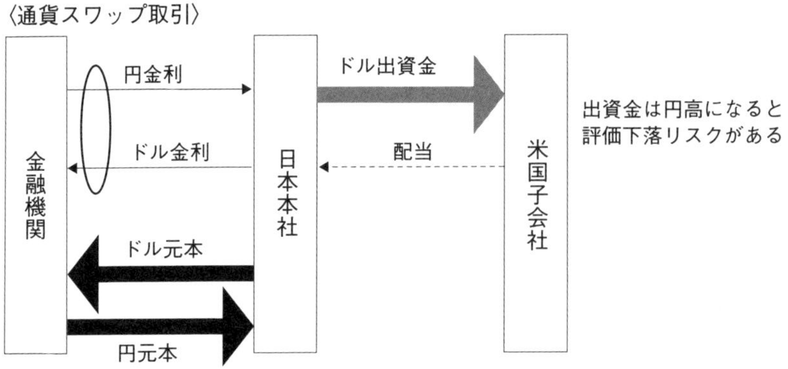

〈通貨スワップ取引〉

```
金融機関 ――円金利→ 日本本社 ――ドル出資金→ 米国子会社
         ←ドル金利―        ←──配当────
         ←ドル元本―
         ―円元本─→
```

出資金は円高になると評価下落リスクがある

要否は、スワップ取引のプライシングに影響を与えない。

　通貨スワップ取引を時価評価する場合、金利が固定であれば、金利部分の評価変動リスクも入ってくるので、できれば金利は両サイドともLIBOR建ての変動金利が望ましいものといえる。

　これで為替の変動リスクはヘッジできる。しかし、通貨スワップ取引の受払金利が変動金利であるため、支払のドル金利と受取円金利の差額の振れがリスクとなる。支払のドル金利が円金利よりも高い場合は、ここだけみると損失となるであろう（金利部分の為替評価リスクも存在する）。構造的には、毎年連続的に為替予約をかける場合に、直先スプレッド分の差損が発生することと同じ問題である。

　しかし、出資は子会社の株価上昇や配当を主要な目的としてなされるものであるため、こうした出資へのリターンが通貨スワップ取引の支払ドル金利以上になればよいのである。なお、通貨スワップ取引における受取円金利は、出資に際して調達した円資金への利払いに充当されるものと考えるべきである（外貨にて資金調達した場合にはこのような問題は発生しないことは先述のとおり）。したがって、調達した円資金へのコスト（［LIBOR+スプレッド］のスプレッド部分）と等価値のコストを通貨スワップ取引の受払金利両サイ

ドに上乗せすると、当該企業のコストとして認識しやすい。ドル金利にもスプレッドを上乗せするのである[5]。そうすると、出資へのリターンが、このコスト上乗せドル金利を上回るのでなければ、当該事業の意義が低いことになるのである（なお、ここでは親会社が全額借入れで出資していると指定しているため、負債コストしか考慮していないが、本来はより高いコストになる株主資本コストも含めて検討すべきであろう）。

さて、先述の年々取り組まれる為替予約の場合のコストは、直先スプレッド分であり、それは取引に内包される円ドルの金利差であった。企業が、出資のコストとしてステークホルダーに説明しやすい指標がどちらであるのかというと、為替予約の直先スプレッドで表現される金利差よりも、通貨スワップ取引で支払うドル金利のほうだといえよう。

通貨スワップ取引が、出資金の為替リスクをドル金利リスクへ転換し、このリスクも事業利益によってカバーされることを示すことになるのである。

また、出資状態が通貨スワップ取引期間よりも長いケースが多いだろうから、通貨スワップ取引を期限ごとに組み直したり、期限延長したりして対応することができる。ただし、その場合の元本レートは変更時のスポットレートとなるため、為替予約と同様の洗い替えが必要になる。

(2) 親子会社間貸付のヘッジ目的通貨スワップ取引について

海外子会社への貸付の場合は、連結ベースでは貸借関係が親子間で相殺されるのだが、日本の親会社単体会計では期末時点における当該貸付金の為替評価変動リスクが損益計算書上に実現する。そこで、このリスクをヘッジするために通貨スワップ取引（図表5－3）が取り組まれることが多いのだが、このデリバティブ取引が、かえって連結ベースでは「余計」なものとなってしまうため、どういった取扱いをすべきなのかが問題となってくる。

なお、このケースでも、最も簡便なヘッジ方法は外貨負債を保有すること

---

[5] スプレッド部分の為替評価や通貨金利差（コンバージョン・ファクター）という問題も発生するが、省略する。

図表5-3　通貨スワップ取引による海外子会社向け外貨融資ヘッジ

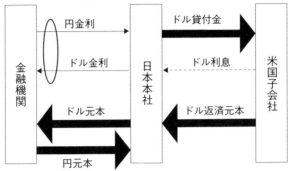

であろう。そもそも当該外貨建て貸付金を調達するために外貨借入を行っていたのであれば、そのままの状態にしておけばよい。そうではなく、調達した円資金を外貨へ転換して貸付しているのであれば、デリバティブ取引で対応する必要が生じるのである。

a　単体ベースでの会計処理方法

この外貨建て貸付金と期間や金額等の条件がほぼ一致する通貨スワップ取引を取り組むと、外貨建て貸付金の円貨評価レートは通貨スワップ取引(当初元本交換の有無にかかわらない)の元本交換レートを使用するのが一般的だと思われる(いわゆる振当処理[6])。これにより外貨建貸付金は円建て貸付金と認識され、以後の為替リスクは生じないことになる。金利受払い部分についても、たとえば、貸付の米ドル金利と通貨スワップ取引の支払ドル金利がマッチするため、円建て金利部分のみの経理処理を行えばよいと思われる。ヘッジ会計処理上の「特例処理」となるため、通貨スワップ取引の時価評価は不要である[7]。

6　会計実務指針167項。
7　会計Q&A　Q56のとおり。

図表5－4　連結ベースでの海外子会社外貨資産の為替リスク

〈海外子会社〉			〈日本親会社〉	
			円貨資産	円貨負債
外貨資産	外貨負債	連結ベースでの相殺処理	貸付金	
	純資産		出資金	純資産

為替リスク発生

b　連結ベースでの会計処理方法

　親子間貸付金は、連結会計処理では相殺消去されてしまうため、この貸付金が外部取引（外貨借入）と紐付きになっている場合は、当該外部取引をヘッジ対象として新たに指定することが可能である[8]。しかし、ここで観察できる外部取引が円金利借入であるため、この通貨スワップ取引のヘッジ対象として適切とはいえない。適当なヘッジ対象がない場合には、通貨スワップ取引が「浮いて」しまい、これを時価評価することになってしまう。

　しかし、連結ベースでも、親子間貸付金が相殺された見合いの（子会社）資産が決算時レートで評価されるため、為替差損益がPLにおいて発生している。そこで、この為替リスクを通貨スワップ取引の時価がヘッジしていると解釈できる（図表5－4）。ただし、このような勘定をまたぐ新たなヘッジ指定が可能か、時価ヘッジとして相殺調整が可能かは会計実務指針では明記されていないため、このような処理が可能かは判然としない。

c　企業価値トータルでのヘッジ効果

　さて、通貨スワップ取引を時価評価しても、結果的には連結ベース企業価値でヘッジ効果を生み出すことを説明したい。ヘッジ手段である通貨スワッ

---

[8]　会計実務指針163・164項。

プ取引（受払い金利は、両方とも固定金利とする）の時価変動は、実は以下のとおり為替部分と金利部分に分けて把握できる。それぞれのヘッジ効果をみてみよう。

① 為替部分の時価変動

通貨スワップ取引の時価変動の為替部分は、前期末時点（初回は約定時）の為替レートと当期末時点の為替レートの差に想定元本を掛け合わせた金額と考えてよいだろう。外貨建ての連結資産も同様に時価評価するのであれば、互いの差損益が打ち消されることになり、実質的にヘッジ効果が認められるのである。

② 金利部分の時価変動

次いで、通貨スワップ取引の残った金利部分を取り出して会計認識する必要がある。

当該通貨スワップ取引のキャッシュフローは外貨（たとえば、米ドル）支払・円受取りであるため（図表5－3）、その現在価値を考えると、ドル金利の低下または円金利の上昇が当該通貨スワップ取引の時価の減少を招くことになる。しかし、通貨スワップ取引の元本に対応する連結ベースのドル建て資産があり、その資産の生み出すリターン、すなわち事業から生み出されるキャッシュフローはドル金利が低下すると価値が上昇するため、当該通貨スワップ取引のドル金利部分のリスクとは相殺関係、ヘッジ関係にある。そう考えると、先述の出資金のケースと同様に、通貨スワップ取引で支払うドル金利以上にドル資産からのリターンを稼得するということが、事業としての意義をもつということを明確に示すことになる。また、ドル資産から生み出される事業キャッシュフローがドル金利LIBORとの連動性が高い場合は、通貨スワップの支払ドル金利も変動LIBOR金利として、スプレット対比で事業効果が測定できれば、一石二鳥であろう。

また、ドル建て貸付の原資となった連結ベースの円建て負債も、円金利が上昇すると理論上時価が減少し（変動金利ベースであっても、スプレッド部分は固定金利とみなすことができる）、当該通貨スワップ取引の時価と反対の動

きを示す、すなわち、円金利リスクにおいて相殺の関係にある。

このように、親子会社間の外貨建て貸付を通貨スワップ取引でヘッジした場合、連結ベースでは明らかなヘッジ認定がむずかしいのではあるが、為替リスクと金利リスクに分けて考察すると結果的・実質的に連結企業価値の振れリスクヘッジとして有効であることが明らかになる。通貨スワップ取引というデリバティブ取引によって為替リスクが金利リスクへ変換され、それが結局は外貨資産の生み出すリターン、すなわち事業そのものの価値を問うことになるのである。

(3) 為替換算調整勘定をヘッジすることについての議論

これまで述べてきたように、海外子会社に出資した場合、翌年度以降、海外子会社の財務諸表を連結ベースで換算する手続において発生する換算差額を為替換算調整勘定という。これは出資（子会社株式取得）時の為替相場で換算される純資産項目の円貨額と決算時為替相場で換算される資産・負債項目の円貨額との差額である。したがって、この換算差額は、円貨への換算手続のつど発生し、海外子会社の経営状況とは無関係に発生するものであるため、PLにおける当期純利益ではなく、その他包括利益として計上される。そして純資産の部の「評価・換算差額等」として累積することになる。なお、海外子会社の株式の売却の意思が明確な場合には、為替換算調整勘定を含む子会社への投資に係る一時差異について、税効果を認識することが必要になる。

こういった為替換算調整勘定に生じる為替リスクをヘッジすべきか否かについては議論のあるところである[9]。この議論については、以下のように整理できる。

a　ヘッジを肯定する意見

・外貨建取引等会計処理基準（注13）やIFRS[10]（IFRIC16号）でヘッジ行為

9　佐藤（2007）94頁、富田（2011）。
10　国際財務報告基準（International Financial Reporting Standards）。

がヘッジ会計として認められている。
・将来的に売却する可能性の高い子会社であれば、それまでの円高リスクを制御することは重要である。
・ROE[11]に含まれるようになったため投資家も意識し、株価に反映されている[12]。
・本節で議論したように、為替リスクをヘッジし金利リスクに転換することで事業コストを意識した経営が明確になる。

b　ヘッジを否定する意見
・あくまでも会計評価の問題であって、純利益やキャッシュフローに直接影響しない。
・減損処理（強制評価減）の対象となる有価証券（時価評価されない有価証券）については、金利や株価の変化による時価減少は考慮されるが、為替変動は対象外である[13]。
・通貨間の金利差（直先スプレッド）と実際の為替変動とは別で、円安になることも多いため、あえてヘッジで円高方向に固めてしまう必要はない。円高時のヘッジは損切りと同じである。
・為替リスクヘッジは両通貨の金利の直先スプレッドがコストとして認識されるため、低金利の円で調達するメリットが減殺される。
・融資など期限のある契約とは違って、期限のない出資というものに対するヘッジ期間の設定はむずかしい。

(4)　為替換算調整勘定、評価・換算差額等のヘッジについて

わが国の企業は、為替リスクにさらされているが、商社など一部を除いて

11　ROEの計算式の分子「株主利益」は、当期純利益で「その他包括利益」は含まないが、分母は、純資産の部の自己資本であり、少数株主持分および新株予約権等は除去されるが、「評価・換算差額等」を含む。また、PBR（株価純資産倍率、Price to Book - value Ratio）の分母である1株当り純資産にも含まれる。
12　Chambers他（2007）。
13　外貨建取引等会計処理実務指針19項。

為替換算調整勘定のリスクヘッジを行っている企業は少ないようである。大手自動車メーカーの有価証券報告書[14]には、明確に換算リスクヘッジを否定する文言もみられる。しかし、海外の主要多国籍企業でも当該ヘッジ（純投資ヘッジ）を行っているところも多い[15]。

　為替換算調整勘定を含む評価・換算差額等の変動リスクについては、キャッシュフローには直接影響のない事象であるため、積極的にヘッジする必要はないものと思われる。為替換算調整勘定は、その他有価証券（売買目的有価証券、満期保有目的の債券、子会社株式および関連会社株式以外の有価証券）が、時価をもって貸借対照表価額とし、評価差額（税効果考慮後）は評価・換算差額等に計上されることと同様に考えられるものとされている[16]。その他有価証券をヘッジする場合は、時価ヘッジ（ヘッジ手段の時価変動とあわせて損益計算書に反映されること[17]）が認められている。その他有価証券は満期保有目的の債券でないために別途区分されている。すなわち、市場動向によって売却を想定している有価証券や業務提携等の目的で保有する有価証券が含まれ、長期的には売却することが想定されるのである。逆に、売買目的有価証券とは違い、直ちに売却・換金するものではないことから、評価差額が評価・換算差額等に計上されるのである。為替換算調整勘定も同様ではないだろうか。

　為替換算調整勘定は、その他有価証券評価差額金、土地再評価差額金[18]と

14　トヨタ自動車「換算リスクとは、特定期間もしくは特定日の財務諸表が、事業を展開する国々の通貨の日本円に対する為替の変動による影響を受けるリスクです。たとえ日本円に対する通貨の変動が大きく、前連結会計年度との比較において、また地域ごとの比較においてかなりの影響を及ぼすとしても、換算リスクは報告上の考慮事項に過ぎず、その基礎となる業績を左右するものではありません。トヨタは換算リスクに対してヘッジを行っていません」2014年3月期有価証券報告書。
15　IBMやGEなど米国を拠点としている企業も多い（富田2011）。
16　企業会計審議会「外貨建取引等会計処理基準の改訂に関する意見書」1999年10月22日、二．3参照。
17　会計実務指針160・185項、福島（2008）278頁。
18　大会社等の一定の会社が、事業用土地について時価による評価を行い、当該事業用土地の帳簿価額を改定することにより計上されるもの。

同様に対象資産を将来において売却する可能性があると判断されるのであれば、実際のヘッジ取引が望まれるだろう。また、投資家がROEを重視した経営を企業に求めるのであれば、同様に実際のヘッジ取引も求められるのではないだろうか。為替換算調整勘定については、(1)項でみてきたように為替リスクをヘッジし金利リスクに転換することで事業コストを意識した経営が明確になる。したがって、実際にヘッジ取引するのではなく、管理会計上で現地通貨金利等のコストを確認し、子会社による事業の収益性を確保するために通貨スワップ取引による擬似的なヘッジ行為が重要だと思われる。

なお、為替換算調整勘定を含む評価・換算調整勘定には「繰延ヘッジ損益」が含まれるが、これはヘッジ対象が別途あり、すでにそのヘッジを行った手段であるデリバティブ取引を時価会計せずここに計上しているもので、為替換算調整勘定と同一に議論することはできない。

2 既製デリバティブ商品による異種リスクへの変換

(1) 金利収益アップやコスト削減のための為替リスクテイク

デリバティブ取引を利用することで、一定のリスクをヘッジしたり、逆に利益を得るために異種リスクをとる例として、為替リスクを金利リスクに転換する通貨オプション組込預金商品をみてみよう。

この預金商品は、通貨オプションの売り、すなわち為替リスクをあえてとって、預金金利を上げようというものである。典型的な仕組みとしては、ドル・コールオプションを売って、そのプレミアム（手数料）を受け取り固定金利に上乗せするものである。通貨オプションの売りにより預金者が受け取れるプレミアムを、預金金利を上げるために銀行勘定内で相殺処理する個人預金的な商品もあれば、法人取引として、図表5-5のように金利スワップ取引の固定金利に当該通貨オプションのプレミアムを分割嵩上げすることも

図表5-5　通貨オプション&金利スワップと預金の組合せ

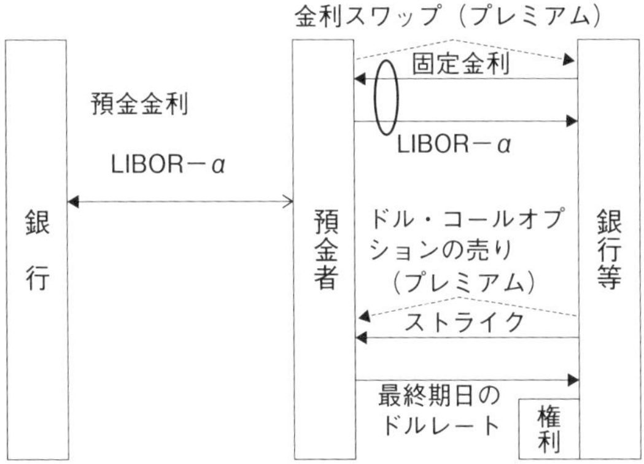

　　　　　　　　　　　　金利スワップ（プレミアム）
　　　　　　　　　　　　　　　　固定金利
　　　　　　　預金金利　　　　　LIBOR－α
　　銀　　　　LIBOR－α　　預　　ドル・コールオプ　　銀
　　　　　　　　　　　　　金　　ションの売り　　　　行
　　行　　　　　　　　　　者　　（プレミアム）　　　等
　　　　　　　　　　　　　　　　ストライク
　　　　　　　　　　　　　　　　最終期日の　　　　権
　　　　　　　　　　　　　　　　ドルレート　　　　利

ある。

　この預金商品のリスクは、円安メリットを放棄している点と本商品取組み後に市場金利が上昇することである。また、単純なコールやプットの通貨オプションのみならず、ノックアウトやノックインなどのエキゾティックオプションが用いられることもある。

　また、具体的な利用についての方針としては、たとえば、輸出企業にとって、為替の変動に関しては円安に事業上のメリットがあるが、そのメリットを一部放棄して、預金の運用利回りを上げるというものである。

　預金ではなくローンに組み合わせることも可能である。為替のメリット、デメリットを一定のストライクでの通貨オプションの売買によって調整しつつ、借入コストを一定の幅（通貨オプションのプレミアム分）で低減させるのである。

(2)　その他の取引への応用

　デリバティブ取引による異種リスクの変換は、いわば「とるリスク」と「ヘッジするリスク」という2種類のリスクに対応したデリバティブ取引のプレミアム（プラスとマイナス）を作出し、このプレミアムというブリッジ

を通じる金銭を相殺して取り組むことになる。(1)項では、通貨オプションの受取プレミアムを金利スワップ取引の固定金利を上げるために支払うべきプレミアム（または嵩上げ金利部分のアップフロント相当額）に充当したのであった。

　このような手法はほかにもいろいろ使える。

　たとえば、原油や金属、農林畜産物のような商品輸入を業としている企業を考えてみよう。このような企業の多くは当該商品価格と為替の変動リスクにさらされている。ところで、一般的に商品価格や高金利通貨との為替レートは、先物であるほど割安になる。すなわち、商品価格はバックワーデーション[19]と呼ばれる期間構造を示し、外国為替レートは日本の実質的ゼロ金利政策によって円の先高構造になっている。

　したがって、長期の商品デリバティブや通貨スワップ取引を用いて、それぞれのスポット価格より有利なキャッシュフローを得ることができる[20]が、その分をアップフロントでプレミアム化し、それをたとえば金利スワップ取引に充当することで、借入れの支払利息等を削減することも可能になる[21]。

19　第4章1節(3)項参照。
20　ただし、先物の決済時点になって、さらに価格が下落するというリスクがあることには注意が必要である。
21　ただし、こういった複合的な取引がヘッジ会計として認定することはむずかしいのではないかと思われる。

第6章

道具としてのデリバティブ戦略

デリバティブ取引は、その機能面に着目して表現すると、企業のキャッシュフローを調整し、リスクを変換する道具である。ただ、この道具の使い方を工夫することで、企業価値に大きな効果を与えることになる。また、ファイナンスの現場には関係者の認識や規制等制度の格差などがあり、それらを十分に認識し適切に対応することが大きな効果をあげることになる。本章では、そういったデリバティブ取引の効果的な使い方に着目した事例を考察していきたい。

デリバティブ取引を参考指標とした資金調達の選択[1]

融資にはさまざまな金利形態がある。LIBOR（London Inter-Bank Offered Rate）、TIBOR（Tokyo Inter-Bank Offered Rate）建てや短期プライムレートなどの短期金利連動物、長期プライムレートやスワップ金利に連動する変動長期金利物、そして長期プライムレートやスワップ金利などを確定させた固定金利物など、金利種と契約期間が絡み合っており、借入れに際して、どういった金利形態を選択すべきなのか、判断がむずかしい場合が多い。そこで、市場で示されているデリバティブ取引を尺度に用いて適切な金利を選択し、さらに金利スワップ取引を利用して自社にふさわしい調達とする手法をケーススタディとして検討してみよう。

【ケース】

A社では、新しい投資プロジェクトを立ち上げるために100億円の資金調達が必要となった。銀行借入で調達しようと思うが、各銀行からは以下の融資条件が提示されている。

① X銀行……短期ローンで、金利は、短期プライムレート（3カ月前払い）
② Y銀行……長期ローンで、金利は、3カ月物TIBOR＋0.8％（3カ月後

---

[1] 本節の内容は、デリバティブ取引としての入門的な利用方法である。

払い)

③　Z銀行……長期ローンで、金利は、3％の固定金利（3カ月後払い）

なお、いまのところ投資設備の減価償却期間にあわせて、5年間の借入れ（一括返済）を予定している。また、本プロジェクトからは、毎年安定した収益が見込めることが確実視されている。

A社は、どの銀行からの借入れを選択すべきであろうか。

現在の短期プライムレートは、1.5％、3カ月物TIBORは、0.5％とする。

(1) 長期借入と短期借入の比較

a　短期借入の基礎解説

短期の資金調達方法には、手形割引、証書借入、当座貸越などの銀行借入や、CP（コマーシャルペーパー）の発行などの種類がある。これらの返済に係る契約期間は1年以内である。実際には、いわゆる底だまり運転資金等として、1年を超えてロールオーバー（継続）していくことも多いのだが、銀行が回収を要請した場合には、法律的には拒絶できない。すなわち、短期借入には、資金を継続して調達できなくなるリスク（資金繰りリスク、または流動性リスク）[2]を内包しているのである。

金利形態は、短期プライムレート、TIBORやLIBORを基準にしてスプレッドを上乗せすることが基本である。これらの金利は、各銀行が独自に提示することが多いが、複数の銀行が貸し手となるシンジケートローンなどのケースでは、たとえば全銀協TIBOR運営機関が提示するTIBORを使用することもある。これらの適用利率は利払い計算期間の数日前に、契約に従った方法で銀行から示されることとなる。これらは当然、金融マーケットの影響

---

[2]　たとえば、1997年12月東証一部上場の㈱東食が倒産したが、その理由として、多額の貸付債権が回収できなかったことと並んで、取引銀行が資金回収を急ぎ資金繰りが悪化したことがあげられている（㈱東京商工リサーチ・ホームページの「大型倒産」項）。一種の流動性リスクといえる。

　流動性リスクとは、資金、資産、デリバティブ取引などの市場での運用や調達が困難な状態となることで、その結果、取引が可能であっても取引コストが大きくなることも指す。

を受けるので、そのたびに変動する可能性がある。すなわち、市場リスク（マーケット・リスク）[3]にさらされている。

b 長期借入の基礎解説

長期借入は1年超の借入れによる資金調達のことをいう。金利形態は、一般的には以下の二通りある。

① 変動金利長期借入

金利形態は、長期プライムレートまたは短期プライムレートを基準にするものやTIBORまたはLIBORを基準にするものなどが基本である。したがって、長期プライムレート以外は、短期借入と同じ金利形態となるのだが、借入期間が長いため短期借入よりも流動性リスクが排除されている。すなわち、資金調達の継続（債務者の期限の利益）が長期にわたって約束されているので、一般的に借入金利がやや高めになる。

たとえば、短期借入では、［短期プライムレート±0％］や［TIBOR+0.5％］の金利で借り入れられる企業が、長期借入になると、［短期プライムレート+0.2％］や［TIBOR+0.8％］の適用金利になる。すなわち、適用スプレッドが高くなるということである。

また、長期プライムレートは、信託銀行や生損保などの長期ローンの変動金利の指標として使用されることがある。

さらには、社債でよくみかけられるが、デリバティブを組み込んだ複雑な金利に仕立てたものがある。たとえば、［固定金利−LIBOR］や［外貨建変動金利−円固定金利］などの金利になるものである。この金利条件に、発行体（借入者）がコール・オプション（期限前償還権）をもつものも多い。

② 固定金利長期借入

借入期間中の金利が一定となる借入れである。

かつての長期信用銀行や生損保などからの借入れ時における固定金利は長期プライムレートを適用するケースが一般的であった。現在も長期プライム

---

[3] 市場リスクとは、金利・為替等の市場変動によって支払利息が増加したり、保有資産負債の価値が下落することをいう。

レートは使われるが、近時は、借入れ時の金利スワップレートを基準にした固定金利が提示されることも多くなってきた。金利スワップレートは一定の期間においてLIBORと交換できる固定金利のことであるから、LIBOR建ての変動金利長期借入があるのならば、この条件を基準として、それを固定金利ものに変換する際に金利スワップが計算上用いられることになる。これが本ケースを考えるヒントとなろう。

なお、本ケースでは、期間の長い投資プロジェクトのために資金を調達するのであるから、流動性リスクや資金繰りリスクを考慮すると、一般的には、できるだけ長期借入で対応することが望ましいものと思われる。

(2) 割安な資金調達コストのものを選ぶ

ケース設定で記したとおり、A社には各銀行から以下の条件のローンの提示があった。

① X銀行……短期ローンで、金利は短期プライムレート（3カ月前払い）
② Y銀行……長期ローンで、金利は3カ月物TIBOR+0.8%（3カ月後払い）
③ Z銀行……長期ローンで、金利は3％の固定金利（3カ月後払い）

まず、本プロジェクトは5年間の借入れ（一括返済）を予定している投資であることから、(1)項で検討したように資金繰りリスクの観点から、①X銀行：短期ローンの提案は除外しよう。ただし、後掲第2節(1)項でみるように資金繰りリスクを長期的においても心配する必要のない優良企業では、短期金利で資金を調達し、それを長期投資に充当するケースも多い。

では、残る②と③のどちらを選ぶべきであろうか。ケースで示されたように、両方とも期間5年の一括返済型である。

a スワップレートの応用

現在の金利スワップ・マーケットの金利状態を調べると、以下のようになっていたとする（金利スワップ・マーケットは6カ月後払いが基本だが、以下の表（図表6-1）は3カ月後払いで計算されているものとする）。

図表6-1 ケースにおけるスワップ・マーケットレート

〈金利スワップレート表〉　（3カ月後払い、単位：％）

	bid	offer
1年	0.96	1.00
2年	1.26	1.30
3年	1.55	1.60
4年	1.75	1.80
5年	1.90	1.95

〈TIBOR-LIBORスプレッド〉

	bid	offer
1年	0.02	0.04
2年	0.02	0.04
3年	0.02	0.04
4年	0.03	0.05
5年	0.03	0.05

　金利スワップレート表のbidは固定金利受取（LIBOR支払）サイド、offerは固定金利支払（LIBOR受取）サイド、TIBOR-LIBORスプレッド表のbidはTIBOR支払サイドでLIBOR（受取り）に上乗せされる金利、offerは同受取サイドでLIBOR（支払）に上乗せされる金利[4]である。

　さて、本ケースでの②Y銀行が提示した条件（3カ月物TIBOR+0.8％）と③Z銀行が提示した条件（3％の固定金利）のどちらが割安かを金利スワップレートを利用して考えてみよう（金利スワップ取引を取り組むと仮定した場

---

[4] なお、TIBOR-LIBORスプレッドがプラスである状態は、ロンドンで業務を行っている銀行のほうが、東京で業務を行っている銀行よりも信用力が高いということを示している。LIBORやTIBORは、それぞれのマーケットで選定された複数の銀行がインターバンクマーケットで調達可能な金利水準（LIBOR）、または市場実勢レートとして提示する短期的な資金の過不足を調整する貸借金利（TIBOR）の平均値である。

図表6-2 TIBOR建て借入の固定金利への変換

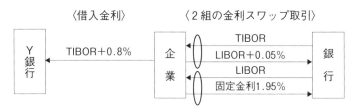

合のキャッシュフローは図表6-2のとおり)。

②の5年間変動の3カ月物TIBOR+0.8％を固定金利に変換すると、図表6-1の金利スワップレート表とTIBOR-LIBORスプレッド表のそれぞれ5年のoffer金利を用いて、1.95＋0.05＋0.8＝2.8％[5]になり、こちらのほうが③の固定金利3％よりも有利であることがわかる。

b さまざまな資金調達方法とデリバティブ取引を用いた割安調達の選択

負債調達を検討する際には、銀行借入といった方法だけではなく、社債による調達も選択肢として比較することが必要であろう。社債についても、上記aのように単純な固定金利と変動金利の有利・不利を判断するには金利スワップ取引の実勢レートを参考にするとよい。

また、直利を高めたいという社債の投資家のニーズによって複雑な金利を付する社債を発行することが、当該発行体にとって有利になるケースがある。格付けが高い企業であれば海外投資家からの外貨による調達のほうが割安なケースもあり、外貨建て社債を発行することもあろう。すべてマーケット次第である。

しかし、これらの場合も、日本国内での投資に使用する場合は、最終的にはデリバティブ取引によって、円貨でのLIBOR（もしくはTIBORベース）ま

---

[5] 正確には、TIBOR-LIBORスプレッドは360日ベースで、TIBOR建てローン金利や円金利スワップレートは365日ベースなので、②を固定金利にスワップすると、
　0.8＋1.95＋0.05×365/360＝2.8007％
になる。

たは固定金利ベースに変換することになる。そして、その結果の金利と単純な社債や銀行借入の金利とを比較して、最終的に割安な調達を選択すればよいことになる。

(3) 調達金利の選択

a 固定金利と変動金利

上記(1)(2)項では、借入れ時点でのマーケット環境から、割安な資金の調達方法を選択する考え方を検討した。

しかし、本ケースで最も有利な②の5年間変動の3カ月物TIBOR＋0.8％を、そのまま変動金利のローンのままで調達したほうがいいのか、または金利スワップ取引等を用いて固定金利（2.8％＋スワップ取引に係るコスト[6]）に変換したほうがいいのか、さらには他の金利形態に変換したほうがいいのかを検討する必要がある。

本ケースでは、変動金利の3カ月物TIBOR＋0.8％のままだと、3カ月物TIBORが現在0.5％なので、初回3カ月間の支払金利は、1.3％となり、固定金利にスワップする場合（2.8％＋コスト）よりも低くはなる。しかし、今後、金利が上がらないという保証はない。すなわち、金利上昇リスクがあるのだ。逆に、金利スワップ取引により固定金利にした場合でも、3カ月物TIBORが上昇しなかったら、金利スワップ取引だけをみれば、それは損失を抱える取引を行ったことになる。いわば、スワップ取引の掛け損である。

金利が上昇するかどうかということを予測することはよく試みられるが、それを「当てる」ことはむずかしい。

b ALM的発想による調達金利の選択

変動金利の調達方法であっても、固定金利のそれであっても現在価値が同じだからといって、どちらでもいいというものではない。企業において変動

---

[6] 金融市場で観測される金利やブローカーによる提示金利は、あくまでもマーケット・メイカーである金融機関の気配値であるため、これに信用リスク・プレミアムやエンドユーザーに対する利鞘等が上乗せされることになる。

金利ものによる資金調達を行うのであれば、それには金利上昇リスクがあるため、これに見合わせるべき営業利益が十分なものかどうかを検討する必要がある。

資金調達では、株式発行ではなく負債が多くなれば当該企業のデフォルト・リスクが高まることになる。営業利益の振れが負債の金利支払キャッシュフローをまかなえなくなるリスクが高まるからである。逆に変動金利の上昇によっても同様のリスクが発生しうる。

さて、本ケースでは投資プロジェクトから得られる利益は安定したものとしているので、やはり金利上昇リスクをヘッジして固定金利での調達を行うほうが望ましいものと考えられる[7]。

逆に、営業利益と金利変動の相関が高く、金利が上昇すると営業利益も増え、他の条件を無視しうるのであれば、借入条件は変動金利のままでいいといえる(固定金利に変換すると、市場金利が下落した場合に営業利益が減少し、ディストレス・リスクが生じるおそれがあろう)。このように投資利益と資金調達の両サイドのキャッシュフローをあわせて管理することは、第1章でみたようにALM(Asset Liability Management)といい、銀行では通常の管理手法になっている。

さらには、固定金利物の安定性と短期金利(変動金利物)のほうが当面のコストが低いということとの調整を図るべく、第3章第4節でみたように、金利上昇リスクを計量し、ある程度の変動リスクを許容する手法(VaR; Value at Risk やEaR; Earning at Risk)を使って、変動金利と固定金利を組み合わせた資金調達手法も考えられよう。

---

[7] このように、金利スワップ取引とヘッジ対象負債の条件がほぼ同じである場合は、金利スワップについては時価評価しないで、その金銭の受払いの純額等を当該資産または負債に係る利息に加減して処理することができる(時価会計の特例処理)。

継続的短期金利資金調達に対する金利スワップ取引によるヘッジ

(1) 資金繰りリスクと金利リスク

前掲第1節で検討したとおり、期間の長い投資プロジェクトのために資金を調達する場合は、一般的には資金繰りリスクを回避するために、できるだけ長期借入で行うことが望ましいものと思われる。ただし、その必要のない優良企業では、短期金利で資金を調達し、それを長期投資に充当するケースも多い。

流動性プレミアム説やリスク代償説等で知られているとおり、通常は短期金利が長期金利よりも低い[8]。したがって、将来的に信用力が低下し資金繰

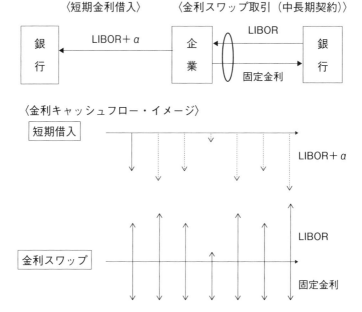

図表6－3　短期借入への中長期金利スワップ取引ヘッジ

りリスクが発生するリスクが少ないと考えられる優良企業は、一般論としては短期金利で資金を調達したほうが得といえる。しかし、金利リスク・マネジメントの観点からは、資金調達時に長期金利も相対的に低い状況であれば、将来の短期金利が調達時の長期金利を上回るリスクもあり、一概にどちらが有利かは判断がむずかしい。

　したがって、短期借入金の連続的な借換えに対して、中長期の金利スワップ取引により金利固定化ヘッジを行うケースも多くみられる（図表6－3のイメージ）。

(2) 短期金利借入と中長期金利スワップ取引のヘッジ会計の適用

　短期借入金の借換え実行の可能性がきわめて高いと認められる場合には、金利等の条件が一致することを前提として、借入契約は「予定取引」とされ、ヘッジ会計の取扱いは可能である[9]。しかし、金利スワップ取引の特例処理の対応はできないものとされている[10]。金利スワップ取引の特例処理は、ヘッジ手段である金利スワップ取引とヘッジ対象の資金調達条件がほぼ一致していることを要件として、実質的に両者を一体とした借入れと考え、金銭の受払いのネット金額を当該資産または負債に係る利息に加減して処理することができるというもので[11]、経理処理が簡便にできる。しかし、短期借入と中長期の金利スワップ取引の組合せでは、両者の契約期間が一致しないため、この金利スワップ取引の特例処理の対象にはならないのである。

　なお、予定取引を見込もうとする期間において金利が上昇し、借入企業が当該短期金利借入を固定長期金利借入へ切り換えた場合は、既存の固定化金利スワップ取引が宙に浮いてしまうため、ヘッジの終了[12]として、その時点

8　ただし、1990年代前半の一時期、わが国において短期金利が長期金利を上回る「逆イールド」現象が起こった。ほかにも、このような例はみられる。
9　会計Q&AのQ55、および会計実務指針162項。
10　会計Q&AのQ55。
11　金融商品に関する会計基準（注14）および会計実務指針177・178項。

でのスワップ取引の時価を一括で計上すべきであろう。しかし、当該企業が、そのような長期借入が可能であるのならば、短期金利借入を同種の金利形態（たとえばLIBOR）のまま長期変動金利借入へと変換すべきであろう。そうすると、既存の固定化金利スワップ取引がそのまま流用でき、金利スワップ取引の特例処理の対象になるというべきである。

 優良企業が利用するコーラブル・ローン

(1) 取引の仕組み

　金融機関から固定金利で長期借入（または固定利付債を発行することも多い）を行い、その途中（一定時期）に借入人の判断で期限前弁済ができるというものである。そして、借入人は、さらにこの調達金利を引き下げるために、借入れとは別にペイヤーズ・スワップションを銀行等に売却する仕組みになっている。

　たとえば、図表6－4のように、借入時点から5年後に期限前弁済できる権利を借入企業が保有する10年物のコーラブル・ローンが金融機関から提示されるとしよう。その裏では、当該借入企業が5年金利スワップと5年後5年物金利スワップションの売りを組み合わせた取引を行うのである。この複合デリバティブ取引によって、借入金利が実質的に固定金利から変動金利に変換されるだけでなく、5年後スタートする5年物金利スワップションを売却したことで得られるプレミアムを当初5年間の金利スワップに按分・充当することで、最終的に支払うべき変動金利のスプレッド（a）を低いレベルに抑えることができる。

　このような10年物コーラブル・ローンが借入企業にとって有利となるの

12　会計実務指針181項。

図表6-4 コーラブル・ローンとカバー取引の仕組み

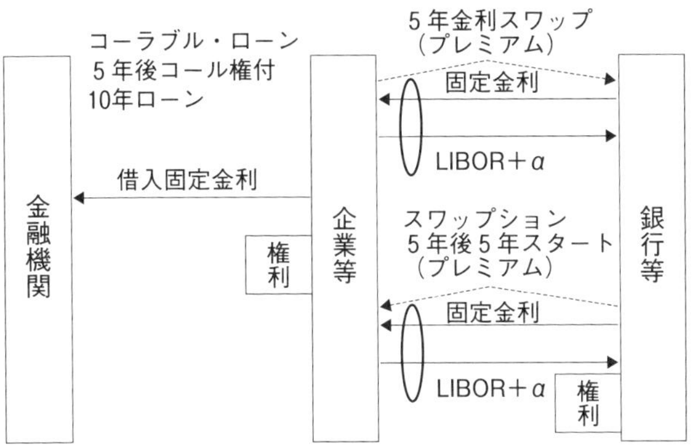

は、金利上昇局面(したがって市場金利が上昇しつつあり、金利のボラティリティも上昇)にあるにもかかわらず、金利更改が定期的にしか行われない長期プライムレートのような制度的な固定金利での貸出を行いたいという金融機関サイドの業績拡大ニーズのあるときである。しかも相手が新規の優良企業であれば、その金融機関の「熱意」が高まるので、オプション価値を考慮しないケースもみかけられる。

なお、複合デリバティブ取引の取引相手である銀行等(図表6-4の右側)とは、このように分解された取引を行うことはなく、通常は金利スワップとスワップションが1本となった10年間のコーラブル・スワップション取引を行い、プレミアムは銀行の勘定間でネットするため契約上では明記されないことが多い。

(2) **取引のリスクとオプションの実行**

また、借入企業は、このようなカバー取引といわれるコーラブル・スワップション取引を行うことによってLIBORベースの変動金利借入に変換できるので、自己の目標とする調達スプレッド(a)レベルを明確にすることができる。したがって、このような取引は優良企業中心に行われるのである。

この取引は、借入企業がカバー取引である複合デリバティブ取引を入れている場合は、リスクはあまりない（コーラブル・ローンサイドのみであれば、5年後の調達資金流動性リスクはある）。

　5年後の期限前弁済可能時が来たときに、その時点での5年物金利スワップレート市場実勢が、［借入金利－a］よりも低くなった場合、オプション権利者である銀行（固定金利支払義務者）はカバー取引の当該コーラブル・スワップションを継続して金利スワップ取引に確定すると不利になる（市場実勢より高い固定金利を払い続けることになる）ため、これを消滅させてしまう。

　この仕組みでは、当該企業は金融機関からの借入れを解約するかどうかを判断できる権利を有している。新たな資金調達が可能な信用力を有していれば、そのときの市場相場どおりの低い金利での借入れができよう。また、当該企業の信用力が低下して、新たな借入れに関するスプレッドが高くなった場合であれば、市場水準を勘案して、そのまま継続してもかまわないのである。したがって、逆に、融資をする金融機関は、5年後の5年間の当該企業の信用リスク・プレミアムをも考慮した10年物コーラブル・ローン金利を提示すべきなのである。

　なお、5年後の期限前弁済可能時が来たときに5年物金利スワップレートが、［借入金利－a］よりも高い場合は、オプション権利者である銀行（固定金利支払義務者）はカバー取引の当該コーラブル・スワップションを金利スワップ取引に確定して取引を継続するので、当該企業は実質金利LIBOR＋aの借入れもそのまま継続させればよい。

4　外貨建て債券運用における通貨スワップ取引と外貨資金調達の比較

　円貨の余資を保有する投資家が外貨建て債券（以下、外債という）運用を行いたい場合に、そのための外貨資金調達方法として通貨スワップ取引と外

貨借入がある。これらは同じ結果を生じさせるため理論的にはコストも同じはずなのだが、実務上は制度の差によって異なる可能性がある。

(1) それぞれの取引フローとコスト

まず、外債を購入するために国内投資家が利用する手段として通貨スワップ（元本交換有り）がある（図表6－5）。手元にある円資金を提供して、通貨スワップ取引により外貨を調達（円元本支払、外貨元本受取り）し、これで外債を購入したうえで外貨金利を円貨に変換するというものである。なお、通貨スワップ取引のコスト＝スプレッドには、投資家の信用リスクに見合う部分（担保の有無によって異なるし、相手の金融機関の信用リスクも考慮する場合がある）と、いわゆるジャパン・プレミアム[13]が反映される。ジャパン・プレミアムが大きくなると、スプレッドβのマイナス幅が大きくなる。たとえば、米ドル調達コストが大きくなるのである。

次に、外貨調達と円貨運用による外債運用をみてみよう（図表6－6）。手

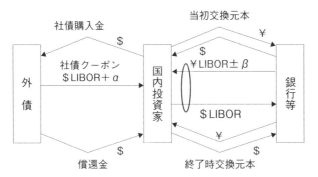

図表6－5　外債購入のための通貨スワップ取引

---

[13] 一般的には通貨スワップ取引のベーシス・コストという。交換する金利がともにLIBORである通貨スワップ取引は、理論上は外貨LIBORフラット対円LIBORフラットの金利交換となるが、通貨別の資金需給によって差が生じる。詳細は、杉本他（2011）57頁。

図表 6 - 6 　外貨調達および外債購入と円貨運用の組合せ

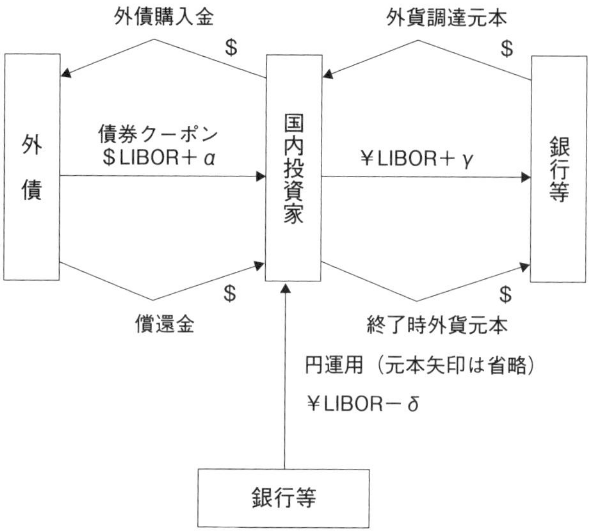

```
              外債購入金              外貨調達元本
                  $                      $
        ┌─────────────┐          ┌─────────────┐
        │             │          │             │
   ┌────┤  債券クーポン │  国内   │  ¥LIBOR+γ   │  銀
   外   │  $LIBOR+α   │  投資   │             │  行
   債   │             │  家     │             │  等
        │             │          │             │
        └─────────────┘          └─────────────┘
                  $                      $
              償還金                終了時外貨元本

              円運用（元本矢印は省略）
                  ¥LIBOR－δ

                   銀行等
```

元円貨を¥LIBOR－δで運用し、外貨を$LIBOR+γの金利コストで借り入れ、そして、この借入外貨を用いて外債を購入するというものである。

この投資家のコストは、通貨スワップ取引による資金調達（図表6－5）においては、[¥β]であり、外貨調達プラス円貨運用（図表6－6）においては、外貨借入の金利スプレッドと円運用のマイナススプレッドの和［$γ＋¥δ］である。これらを比較して、外債運用のための外貨調達手段の選択を検討すべきである。なお、［$γ＋¥δ］の計算には、円ドルのベーシス・コストを勘案することが必要になる。

そして、通貨スワップ取引のコストのほうが低くなることがある。外貨をそのまま調達する場合（図表6－6）には、債権者である銀行は、貸出の外貨全額をエクスポージャー（リスク金額）とみなすのだが、通貨スワップ取引（図表6－5）では、円貨元本等のキャッシュフローが担保機能を果たすので、外貨の現在価値から円貨の現在価値を差し引いた金額（Net Present Value）がエクスポージャーとみなされるからである。したがって、図表

6-6の円貨運用資金を担保として外貨を借り入れる銀行に提供すれば、理論的にはコストが同じになるはずである。

(2) 仕組みによるプライシング差

しかし、外貨をそのまま調達する場合（図表6-6）はバンキング勘定の「融資取引」そのものであるのに対して、通貨スワップ取引（図表6-5）はトレーディング勘定の「市場取引」であり、銀行内部では所管部門もシステムも異なる。違う銀行で競争させるだけでなく、同じ銀行内でも部門間でプライシングの差を起こす可能性がある。

まず、投資家に外貨を提供する金融機関が外資系か本邦系か、また金融機関ごとに当該外貨資金コストが異なりうるし、金融機関ごとに当該投資家に対する信用力判断（格付け）の差が生じうる。また、銀行に対するバーゼル規制[14]の高度化・厳格化により、市場取引であれば融資取引とは違い、原則として通貨スワップ取引は時価会計で計測され、その時価変動リスク（VaR）に対して自己資本が要求される。また、当該投資家に対するカウンターパーティ信用リスクも担保考慮後の時価（EAD：exposure at default）に連動するため、その信用力（CVA：credit valuation adjustment）の変動リスクに対する自己資本も要求される。なお、融資取引の担保考慮後残高もEADであり、市場取引のEADとともにデフォルト・リスクに対して自己資本が要求される。そして、これら自己資本には資本コストを勘案しなければならないことは当然である。

このように金融機関には、バーゼル規制や市場慣行などで、実態は同じで

---

[14] 「銀行法第14条の2の規定に基づき、銀行がその保有する資産等に照らし自己資本の充実の状況が適当であるかどうかを判断するための基準」（金融庁告示第19号）、Basel Committee on Banking Supervision "Basel Ⅲ: A global regulatory framework for more resilient banks and banking systems - revised version June 2011"（バーゼルⅢ：より強靭な銀行および銀行システムのための世界的な規制の枠組み）、"The standardised approach for measuring counterparty credit risk exposures March 2014 (rev. April 2014)"（カウンターパーティ信用リスクエクスポージャーの計測に係る標準的手法）。

あっても必要コストが大きく変わりうる可能性があるので、金融機関および投資家双方において注意が必要である。

クレジット・デリバティブを利用した転換社債の投資戦略

　クレジット・デリバティブとは、特定の会社または債権（ローンもあるが、社債等債券が多く、参照債券と呼ばれ、無担保が標準）のデフォルト・リスクに着目し、一定のプレミアム（契約期間中、3カ月ごと等定期的に支払われる）を対価にそのリスクを移転する取引である（保証類似行為といえる）。その基本的な取引は、クレジット・デフォルト・スワップ（CDS）と呼ばれ、取引期間中に、参照債券にデフォルトが発生したときに、プロテクションの売却者が購入者の債券を額面で買い取ることが原則となる（2008年の金融危機以降は差額現金決済タイプのほうが多い）。

　クレジット・デリバティブを用いることで、参照債券発行企業とは保証や債権債務関係等、なんら法的な関係なしに、当該参照債券の信用リスクを売買できるのである。日本ではおおむね50〜100社程度のプライスが金融市場で提示されている。

　本節では、このクレジット・デリバティブをCB（転換社債型新株発行予約権付社債）のリスクを分解する取引として利用されている例を紹介したい。

図表6−7　クレジット・デリバティブの基本的な仕組み

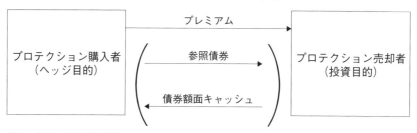

（注）（　）内は参照債券がデフォルトした場合のフロー。

(1) 転換社債 (CB) の仕組み

一般的なCB[15] (Convertible Bond) は、当該発行企業の社債に、あるストライクプライス (転換価格) で転換することができる新株購入権が付されているものである。社債に株式のコール・オプションがついているものといえる。

通常、CBの発行時に利率、償還期限、転換価格などの条件が決まる。利率や償還期限は普通社債と同じ形態だが、転換価格は株式と当該社債が交換できる価格である。

投資家がCBを購入後、当該発行企業の株価が転換価格を超えた場合、この時点で株式に転換し、これを株式市場で売却すると利益を得られる。逆に株価が値下りしても、債券のまま保有すれば、償還時までにデフォルトが発生しない限り、社債が額面価格で償還される。

CBは社債と異なり株式へ転換できるため、その価値が株価の動きに左右されるという特徴がある。特に株価が上昇しているときは、通常CBの時価もそれにつれて上昇する。逆に、株価が下落し始めるとCBの時価も下落し始めるが、ある一定の水準で下がりにくくなる。これは、社債としての性格も有するため、そのまま持ち続ければ、満期に額面価格で償還され、しかもその間、利息があれば、それを受け取れるからだ (図表 6 - 8)。

図表 6 - 8 に示されるグラフの細い直線は、CBの満期時、または株価が転換価格を上回ったため株式へ転換された時の投資家の受取金額を示している。左のほうが斜め下へ下がっているのは、デフォルトによって社債の回収金額が減少するからである。

同様にグラフの太い線は、発行時から満期または転換時までの価格を示している。時間の経過に従って細い直線に近づいていく。CBの価値は、簡単

---

15 昨今では、転換価格が当該株価の変動に応じて一定時に上下する商品 (MSCB; Moving Strike Convertible Bond) も出ているが、本項では簡単なヨーロピアン・タイプ・オプションのものを取り上げる。

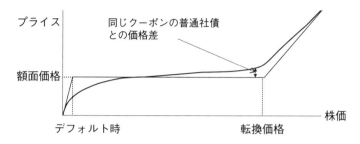

図表6-8 転換社債のプライス

にいうと、普通社債と株式のコール・オプションをあわせたものになる。したがって、投資家にとって有利な運用手段となりうるものだが、その半面、発行企業においては低コストの資金調達手段とはいえないことがある。

発行企業は、表面利率（クーポン）、発行価格、転換価格（図表6-8のとおり、これが発行時の株価に近い[16]ほどCBの価値が高くなるので、逆に転換価格が高いほうになればなるほど発行企業には有利になる）、転換後の資本コストなどの条件を、普通社債を発行するのとどちらが有利なのか検討する必要がある。

かつて、CBはクーポンがゼロで発行できることもあるし、最終的に株式に転換されても、自己資本の充実に役立つから、普通社債よりも有利な調達方法であると考えて発行する企業もあったようだ。社債（負債）コストよりも転換後の株主資本コストのほうが高くなることを認識していなかったからかもしれない。

ただ、ゼロまたは低いクーポンで発行できるということは、株式転換前の支払キャッシュフローを節減したいというニーズには応えられるものである。また、CBの発行による資金で、新たな投資を行い、将来、株価上昇の自信があるチャレンジングな企業であることを示すことはできよう。逆に、いわゆる株式数の増大に伴う希薄化等により株価が上昇しないために株式へ

---

[16] さらに発行時の株価よりも低い転換価格になると、当該CBを引き受ける債権者に対する有利発行の問題が生じる。

の転換が進まず、社債の償還金を調達するのに苦労する企業もあるようだ。

(2) 投資家によるCBのアービトラージ戦略

このように、発行体にとって、そのコストを正確に把握しないでCBを割高に発行したケースがあった。こういったCBを投資家が購入し、さまざまなリスクを外すことで純粋な利益を獲得することができる。CBを購入した場合のリスクは、株価が下落してコール・オプションの価値が低下すること、CBの発行企業がデフォルトすること、そしてCBのクーポンが固定金利である場合の金利上昇リスク（価格下落リスク）である。

したがって、投資家はCBを購入すると同時に、当該企業の株式のコール・オプションを売却（または、デルタヘッジ分の株式を借りて空売り）することで超過利得を確定させ、その一部をもって当該企業を参照とするクレジット・デリバティブ（CDS等）のプロテクションを購入（図表6－9）し、そして、CBクーポンが固定金利であるのならば固定金利支払・変動金利受取りの金利スワップ取引を実施すれば、無リスクの純粋な利益が得られるのである。

こういった投資家によるデリバティブ取引を駆使したCB投資は、本章第3節の優良企業がタダでもらったも同然の解約オプションを活用したコーラブル・ローンに類似したケースといえよう。株式オプションを市場価値より

図表6－9　CB購入時のアービトラージ戦略

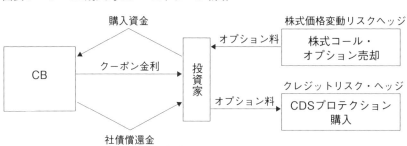

安価で投資家が手に入れた仕組みにクレジット・デリバティブ等を利用したものといえる。

天候デリバティブ取引の活用例─市場流動性が乏しいケース─

　企業の抱えるリスクを考えると、金利や為替等の財務上のリスクだけではなく、気温や降水量など天候によるリスクのほうが売上げ等に大きく影響を与えるケースが少なくない。こういった事業に大きく影響を与える天候から発生するリスクを金銭的に一定の範囲でヘッジしようというのが天候デリバティブである。

(1)　天候デリバティブの仕組み

　天候デリバティブとは、気温や降水量等に連動したオプション取引等のデリバティブである。なお、このデリバティブは、保険に近い性格を有するため保険デリバティブと呼ばれることもある。

　たとえば、夏は暑いほうがさまざまな商品は売れ行きがよい。逆にいえば、これらの商品の売れ行きにとって、冷夏がリスクといえる。そこで、一定のプレミアムを支払うことにより、夏の一定期間の平均気温がある温度を超えた、その度数の累積やその日数（CDD；Cooling Degree Days）が想定したものより少ない場合に、一定の金銭を受け取ることのできるオプション取引を行うのである。また、雨天が続くと客足の鈍る業種も多いため、降水量ヘッジのためのオプションも見受けられる。オプションの買い手（ヘッジ・サイド）の最終的な受取額は、度数や日数の制限に応じて、一定の幅が設けられている。

　ところで、デリバティブは取引種類によっては、取り扱うことのできる一取引の量が事実上、制限されることがある。市場での流動性の問題である。米ドルや円など主要通貨の金利スワップ取引などは数百億円単位での取引も

一度に可能であるが、天候デリバティブ取引は、現在のところ、需給関係が限られており、10億円以上になると簡単に成約することがむずかしくなることがある。そこで、本節では、そういった場合の対応例を簡単にみていきたい。

(2) 流動性の乏しい場合の対策例

たとえば、夏の気温の高低が大きく事業損益に影響を与える業種といえば、だれしもが「電力会社」と答えるであろう。夏の冷房需要に備えて電力会社各社は設備投資を行っており、冷夏になってしまうと、この投資の採算が悪くなりかねない。そこで、天候デリバティブでヘッジを検討することが考えられるが、電力会社の規模から必要な量、すなわち数十億円以上の単位で、日本の都市の気温を指標とする天候デリバティブを金融市場または資本市場で成約させようとすると、一気にプレミアム、すなわち取引コストが高騰してしまうというリスクが発生する。

このため、銀行、損保会社や商社、ブローカー等の仲介業者を通じて、広く市場を渉猟するのではなく、冷夏から好影響を受ける事業主体で、それなりの規模の取引量をこなせる業種を探し出し、直接相対で成約させることが求められるのである。

その相手業種として、わが国では大都市圏の都市ガス会社が該当した。ガス会社は水等を温熱化させるガスを供給することが重要な事業であり、冷夏になると夏でも相対的にガスの需要が伸びる。ここで、リスク構造が相反する大手ユーティリティ会社同士の共同戦線が生まれたのである[17]。なお、冬場は電力会社もガス会社も寒いほうが需要は伸びて、暖冬リスクを負うという点では同じベクトルの事業リスク構造をもつため、この共同戦線は成立しない。

---

[17] 2004年6月17日付け日本経済新聞によると、東京電力が東京ガス、大阪ガスとそれぞれ夏場の気温を指標とした天候デリバティブ取引を締結したと報じている。そのほかにも九州電力と西部ガスとの間でも取引が成立したとの報道があった。

本ケースは珍しいのかもしれないが、新しいリスクヘッジ手段である市場取引についても工夫次第で対応が可能ということを教えてくれた好事例であろう。

M&Aでの買収対象企業のキャッシュフローの安定化

　M&A (mergers and acquisitions)、すなわち企業合併や買収で、新しく買収される企業や事業が想定どおりのキャッシュフローを生み出すかどうかは買収後の企業全体価値にとって重要である。そこで、デリバティブ取引によって新しく買収する事業のキャッシュフローを安定化させている企業もある。

　例を2つあげよう。

　まず、被買収予定先の資産に株式が大量に含まれているケースである。

　株式価格は変動が激しいため保有株式の価格変動リスクを一定の期間、エクイティ・デリバティブでヘッジすることが、事業計画を立てるのに有効である。また、被買収時点で、当該株式価格をデリバティブ取引によって固定化しておくと買収価格算定に都合がよいこともある。

　2つ目の例[18]は、石油開発会社である。被買収企業のもつ油田から採掘される原油価格を2～3年分ヘッジするのである。対象となる油田から採掘される原油量が、原油市場へ影響を与えるほど大きなものであれば、ヘッジ取引はかえって好ましくない。たとえば、価格下落リスクをヘッジするために大量にオプション（プット買い。フロア買いともいう）取引を行えば、さらに、デリバティブ取引の相手先等によるヘッジ（いわゆるデルタ売り）のために、かえって原油の市場価格自体が下落するからである。しかし、マーケットへのインパクトがそれほど大きくはない規模でのヘッジ取引であれば、事業リスクヘッジとして有効であろう。このケースでは、価格下落リス

---

[18] 主にApache Corporation News Release 20-Aug-2004, およびMeulbroek (2001) を参考にした。

図表6-10 原油デリバティブ・カラー取引イメージ図

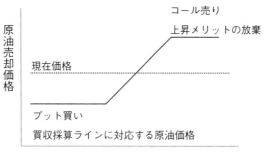

クヘッジのためのプット・オプション買いと、そのプレミアムを稼ぐためのコール・オプション売りを組み合わせたカラー取引がよくみられる（図表6-10）。

原油価格が上昇すると石油開発会社全体の売上げ・利益が増えるので、被買収企業における当該超過利益を放棄しても、その部分による企業全体の利益損失へのインパクトは相対的に小さいからである。それよりも買収してからの当初数年間の被買収企業のキャッシュフローがM&Aの経済性に大きな影響を与えるので、これをヘッジして安定化させることが望まれる。

また、リスクヘッジの有無はM&Aの企業価値算定に無関係であるという一般的な考え方に対して、第2章でみたように適切なリスクヘッジは企業価値を高めるという立場からは、ヘッジ取引を用いることで企業価値算定の交渉を有利に進めることが可能になるであろう。

8 まとめ

本章では、企業のキャッシュフローを調整し、リスクを評価し変換する道具であるというデリバティブ取引の機能面に着目して考察してきた。

第6章　道具としてのデリバティブ戦略　133

短期リスクから長期リスクへの期間変換や運用におけるリスクヘッジやコスト比較などから始めたが、ファイナンスの現場には市場参加者やファイナンス関係者の認識の差、バーゼル規制等による制度設計格差などがあり、それらを十分に認識し適切に対応することが大きな効果をあげることになる。

　本章で取り上げた事例以外にも、たとえば金利と信用リスクに着目した資金運用を考えると、同一の企業を債務者や指標とする社債、融資、預金（金融機関向け）、クレジット・デリバティブ（国債との組み合わせ）等で、それぞれ流動性や運用者・投資家の特性・考え方などによる各市場の差異があるため、利回りが違うケースが発生することがある。

　このように、取引の仕組み、目まぐるしく変化する市場環境や規制等制度といった適用対象を見極め、それに用いるデリバティブ取引という手段を的確に選択することが、企業価値に大きな効果を与えることになるのである。

第7章

デリバティブ取引の解約等の出口戦略

デリバティブ取引を取り組むときには細心の注意を払って、どういったストラクチャーがいいのか、会計処理や契約の文言は問題ないか、どの金融機関と取引するのが有利なのか等をチェックする企業は多い。しかし、そのデリバティブ取引が不要になった場合には、簡単に解約するだけのケースが多い。

　デリバティブ取引は有価証券と同様に時価をもった金融商品でもある。したがって、保有する有価証券を売却する場合と同様に、自社に少しでも有利になるよう既存デリバティブ取引の解消を注意深く検討すべきであろう。このような細心な行動が、キャッシュフローの純増に直結し、企業価値の向上に貢献する。

　本章では、ヘッジ対象であるローン（原取引）が期限前返済によって消滅するに際して、そのヘッジのために取り組んでいたデリバティブ取引の解消という具体的なケースを用いて、単なる解約という方法だけではなく第三者へ譲渡するという能動的戦略や、その際の法律・会計問題等について検討していきたい。そして、危機に陥った銀行の資金調達のために筆者が実際に実施したデリバティブ取引の譲渡取引を紹介しよう。

【ケース】

　商社Ｘの100％子会社Ｙは清算・閉鎖することになり、既存の変動金利借入10億円を期限前償還することとした。ただし、この借入金は、金利上昇リスクをヘッジするためにＺ銀行と金利スワップ取引（図表7－1）を結んで固定金利支払形態へ変換されていた（会計処理上は金利スワップの特例処理で

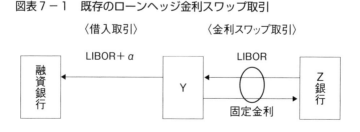

図表7－1　既存のローンヘッジ金利スワップ取引

対応)。そこで、この金利スワップ取引を解約したいと申し出たところ、Z銀行から解約清算金を請求された。どのように対応すべきだろうか。

 デリバティブ取引の解約清算金と逆取引（反対取引）

　デリバティブ取引には時価があり、解約（キャンセル）するときにはこれを受払いする必要がある。すなわち、当該デリバティブ取引の含み損益（時価）を確定して清算することである。計算は、一般的に残存するデリバティブ取引の将来キャッシュフロー（オプション性のある取引であれば、オプション価値も含める）を現在価値に引き直すことで行われる[1]。ただし、近時は後述（第3節）のとおり、解約に伴い相手方が代替取引を行うために必要な再構築コストと表現することが多い。

　当事者Yの受取サイドのキャッシュフローの現在価値が支払サイドのそれよりも大きいと（さらにデリバティブ取引の相手方の事務コストや資金コスト等を除いて）、解約清算金がもらえるケースもあるが、逆であると支払わなければならない。

　デリバティブ取引の「逆取引（または反対取引）」は、時価を確定するという点では「解約」と同じである。しかし、「解約」が一括で清算金を受払いし、「逆取引」が残存期間に応じて清算金を分割して受払いするという点で異なる。その仕組みを簡単に説明しよう。

　たとえば、AがBと3年物円金利スワップ取引（Aの固定金利5％支払、変動金利LIBOR受取り）を想定元本10億円で取り組んでいるが、残存2年の時点でAが終了させたい（手仕舞いたい）ケースを考えてみよう（図表7－2）。なお、計算を簡便にするため終了時の2年以下の市場金利（スワップ金利とLIBOR）は一律に3％とし、当事者の信用リスクや担保は考慮

---

[1] 金融機関によって計算モデルが多少異なるので、単純な取引であっても各金融機関の算出する金額が一致することは少ない。

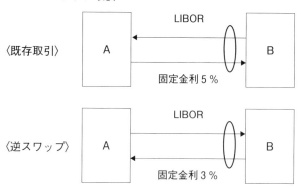

図表7-2　金利スワップ取引の手仕舞いのための逆スワップ取引

しないものとする（詳細は第3節で議論する）。

① 解約の場合……以降の取引を終了させるために、Aは受取金利LIBORと支払金利5％の2年分の現在価値（NPV; net present value、時価である）を一括でBに支払うことになる。解約時点におけるすべての金利が3％なので、計算される将来LIBORの期待値も3％になる一方で、支払固定金利は5％であるからだ。

② 逆スワップの場合……残存期間2年にあわせて変動リスクのあるLIBORを相殺する形態で逆方向のスワップ取引を組む。そうすると、Aからみて2年間に毎年［10億円×（5－3）％＝2,000万円］の分割支払が確定することになる。

①でAが支払う解約清算金と②でAが残存期間2年にわたって支払うことになる計4,000万円のキャッシュフローの現在価値とは、理論的には同じ値になる。逆スワップ取引は、解約清算金（キャンセルフィー）を分割払いすることと同じであるといえる（ただし、他の方法とは違い、②の逆スワップ取引は計4,000万円に関して、特にAの信用リスク、すなわち、BからみればAが将来2年にわたって2％相当の金利を支払ってくれるかというリスクがあることには留意すべきである）。

さて、本ケースでは、ヘッジ対象となる借入れが消滅するのみならず、会社自体が清算されてなくなるのだから、逆取引は意味をなさないであろう。したがって、通常は解約ということになるのだが、Z銀行からの解約請求金額が高いのかどうかは、計算して検証すべきであろう。そして、その値段を交渉するということになる。

　最終的に取引相手から提示される解約清算金の答えに一率的な値はない。理論時価も計算モデルによって答えは異なる。その時価に、解約取引を契機とした追加的利益や事務コストが取引相手方の金融機関から上乗せされて要求されることになる。デリバティブ取引はキャッシュフローのNPVの取引であり、その解約というのは売却と同義である[2]ため、債券の中途売却で証券会社が買い取る価格にマージンを乗せるのと同様と考えるべきである。

　金額が折り合い、YとZの交渉が妥結したということであれば、金利スワップ取引は解約し、清算解約金の受払いが行われ、Yは、会計上「ヘッジ取引の終了」として処理する。「ヘッジ取引の終了」とは、ヘッジ対象が消滅したり、予定されていたヘッジ対象取引が実行されなかった場合に、ヘッジ会計を終了し、デリバティブ取引に関して繰り延べられていた損益を当期損益として処理するものであり、一時金である解約清算金がまさにこれに充当される[3]。

2　デリバティブ取引の譲渡

　YとZ銀行との解約清算金の値段に関する交渉が解決しない場合は、どのような対応手段が考えられるであろうか。

---

[2] その意味では、逆取引で時価を確定させる行為も、解約や売却と同義といえる。会計実務指針180・181項でヘッジの中止や終了の要件として「逆取引、反対取引」が記載されていないが、これらは含まれると解釈すべきである。
[3] 会計実務指針181項。

(1) 親会社Xへの譲渡

いちばん簡単な方法は、子会社YとZ銀行との契約をXに譲渡（ノベーション、novationともいわれる）するということである（図表7－3）。すなわち、YのZ銀行との地位をXに譲り渡すということで、Z銀行にとっては取引相手がYからXに変更になるだけで、資金の受払いは通常発生しない。この場合、通常はYよりも親会社Xのほうが、信用力が高いためZ銀行が拒絶する理由はないであろう。

ただし、YはXに対して、時価相当額の譲渡金を支払わなければならない。なぜならば、Yは、マーケット実勢よりも不利なデリバティブ取引、すなわちマイナス時価のスワップ取引をXに譲渡するからである。無視すれば、XのYに対する贈与（交際費）認定で追加課税されるおそれがあろう。この譲渡の対価というべき金額は、上記第1節でZ銀行への解約清算金の交渉でYが主張する金額と理論的には一致する。

なお、親会社Xへの譲渡にはほかにも検討すべき問題がある。

まず、親会社XがYの借入れと金利スワップ取引をセットで譲り受ける場

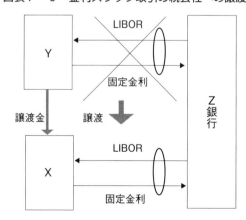

図表7－3　金利スワップ取引の親会社への譲渡

合には、金利スワップの特例処理を引き継ぐことが可能と思われるが、一応、検討する必要はあろう。

　次に、Yの借入れを期限前償還してしまうのであれば、親会社Xは金利スワップ取引をヘッジ取引ではなく、単体取引として譲り受けることになる。したがって、これは時価会計の対象にせざるをえないものと思われる。たまたま、この金利スワップ取引の金額や期間等の条件に近接した借入れがあれば、それと組み合わせることで、ヘッジ会計や金利スワップの特例処理の対象にすることが可能かもしれない。

　なお、譲受人Xは金融機関ではないのにデリバティブ取引を譲り受けられるのかという疑問が起こる。デリバティブ取引の取扱いに関しては、金融商品取引法によって詳細な規制が課せられている[4]。しかし、一般事業会社がデリバティブ取引を「業」として幅広い対象と反復継続的に行うのでなければ特段の問題はなく、本ケースは業法上の問題はないものと考えられる。

　また、ヘッジ対象がないデリバティブ取引は刑法上の賭博ではないかという疑問も生じえよう。賭博罪の適用については、取引の目的、行為の態様を総合的に判断することによって違法性の有無を判断することとなると考えるが、本ケースは経済的必要性があり、デリバティブ取引を利用した単純な勝負とはいえないものと考えられるので、現行法上違法とはいえないと思われる[5]。

(2) 第三者である銀行への譲渡

　上述したとおり親会社XがYから本件の金利スワップ取引を譲り受けた場合は、ヘッジ取引ではなく、時価会計の対象にせざるをえないものと思われる。時価会計の対象となるデリバティブ取引を多く保有しているのであればともかく、一般事業法人はヘッジ取引が主であるため、通常は、時価会計処理は避けたいという企業が多い。

4　福島（2008）142頁。
5　福島（2008）128頁。

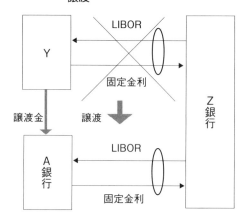

図表7-4　金利スワップ取引の第三者への譲渡

　そこで、この金利スワップ取引を第三者、たとえば銀行Aに譲渡することを検討してみたい（図表7-4）。譲受人が銀行であれば、時価会計でのデリバティブ取引を多く扱っていることも十分に考えられ、業法や賭博罪の関係で問題になることはない。

　この方法では、Yの地位をA銀行に譲り渡すということで、Z銀行にとっては取引相手がやはりYからA銀行に変更になるだけで、資金の受払いは発生しない。この場合、YよりもA銀行の信用力が低ければZ銀行が拒絶する理由はあるが、そうでなければ拒絶する可能性は少ないであろう。他方で、YはA銀行に対して、時価相当額の譲渡金プラス手数料相当額を支払わなければならないのは、上記でXに譲渡するケースと同様である。なぜならば、マーケット実勢よりも不利なデリバティブ取引、すなわちマイナス時価を譲渡するからであり、さらにA銀行としては新たな取引関係に入るのであるから、それに相当する利益を求めるからである。新たな取引に入るための追加的な手数料相当額とは、A銀行からみてZ銀行の信用リスク・プレミアムが中心に計算されることになろう。ただし、本ケースでは、このプレミアムは大きくはならないと考えられる。この金利スワップ取引は市場実勢よりもA

銀行に不利(したがって、Yから時価相当額が支払われる)であり、将来における Z 銀行の信用事由によって A が不利になること、すなわち A 銀行からみて当該金利スワップ取引の時価がプラスに転じて、この価値が逸失するというような可能性が低いからである。

しかし、このケースでは、Y または A が固定金利を支払う金利スワップ取引がマイナスの時価になっているので、金利市場が大きく上昇すると、そのような信用リスクが顕在化する可能性が出てくる。

なお、逆にこの譲渡される金利スワップ取引が市場実勢よりも A 銀行に有利(Y に時価相当額が支払われる場合)であれば、Z 銀行の信用事由によって、当該金利スワップ取引の将来価値が毀損するおそれが出てくる。デリバティブ取引の信用リスク、すなわち取引先の倒産等の信用事由によって発生する損害可能額は、そのような信用リスク(カウンターパーティ・リスク)を契機とするマーケット・リスクにほかならない。

A 銀行に対して支払うべき時価相当額の譲渡金プラス手数料相当額が、上記第 1 節で Z 銀行が主張する解約清算金よりも低くなれば、この A 銀行への譲渡取引のほうが有利であり、こちらを選択すべきであろう。

以上をまとめてみると、当該金利スワップ取引の解消、出口戦略としては、単純な解約、親会社 X への譲渡、そして第三者である A 銀行への譲渡の三通りがある。X や Y としては、それらのうち有利な方法を選択かつ交渉すべきである。

(3) 譲渡に関する契約

譲渡に関する締結方法は、三者間契約となることがほとんどである。デリバティブ取引、特にスワップ取引は金銭を相互に支払う双務契約であり、受取キャッシュフローおよび支払キャッシュフローを Y から X(または A 銀行)へ譲渡するため、Y と Z 銀行間のデリバティブ取引契約における Y の契約上の地位を X(または A 銀行)へ譲渡するとしたり、Y と Z 銀行間のデリバティブ取引契約における Y の権利義務いっさいを X(または A 銀行)へ譲渡

するという法律構成にすることが多い。なお、YからX（またはA銀行）へ支払われる譲渡金額は、一般的にはこの三者間契約には記載されない。Z銀行に知らせる必要がないからである。別途、YとX（またはA銀行）との間で契約または請求書が取り交わされる。

　また、二者間での契約を3本締結することによる構成も可能であろう。すなわち、YとZ銀行間の原契約におけるYの契約上の地位をX（またはA銀行）へ譲渡することを内容とするYとZ銀行間の契約、X（またはA銀行）とZ銀行との新たな契約（ただし、条件が市場実勢からずれているため、Y・Z間の契約を引き継いだという事実を記載する必要がある）、そして、YとX（またはA銀行）間におけるY・Z間の既存契約の譲渡契約である。

3　解約・譲渡における信用リスク引当（CVA）の勘案

　デリバティブ取引を中途解約した場合の解約清算金は、その取引の解約時点での時価であり、譲渡金額も理論的には同じ金額になる。本ケースは任意での解約または譲渡であるため、その計算方法について事前に契約書で定めている場合とそうでない場合がある。ちなみに、一当事者がデフォルトして期限の利益を喪失した場合の清算金額の計算方法については、契約書には明記されているものの、簡便な記述[6]となっており、それを「再構築コスト」とすることが一般的である。すなわち、解約清算金計算の公正性を担保するため、他の市場業者に代替取引を行う場合の必要コスト、すなわち再構築コストを算出してもらい、その清算価値とすることである。

---

[6]　たとえば、国際的な標準契約書として利用されているISDA（国際スワップ・デリバティブズ協会）マスター契約書では、「善意かつ合理的に決定された終了通貨相当額」「市場業者との間で代替取引を行う合意を行ったと仮定した場合に授受されるであろう見積金額」「終了した取引について経済的に同価値の取引を非破綻当事者に提供するために非破綻当事者が負担した、または負担したはずの金額」（後者2つは再構築コストである）などと表現されている。

ところで、2008年の米国証券会社リーマン・ブラザーズの破綻に伴うデリバティブ取引の清算金をめぐって、清算価値が再構築コストか理論時価かが争点になっている裁判例が出ている[7]。理論的には「再構築コスト」と「理論時価」は同じはずなのに、訴訟の両当事者の主張に大きく差異が生じているのだ。

その差額の主たる要因として、近時重視されるCVA（Credit Valuation Adjustments）が考えられる。CVAは、デリバティブ取引の相手方（カウンターパーティ）の信用状況（または信用リスク）を勘案する引当のことである[8]。再構築相手の市場業者が、非デフォルト当事者から将来受け取るキャッシュフローにCVAを引き当てると、非デフォルト当事者にとっての再構築コストが理論時価よりも縮小するのである。

このことを本ケースに当てはめてみよう（当該スワップ取引に対する担保は設定されていないこととする）。

まず、Yによる解約については、Z銀行としては新たに残存取引を市場業者（Mとする）との間で再構築するため、Z銀行からみたYとMの信用リスクの度合いでCVAは違う。Mは、一般的にはYよりも信用度の高い市場参加者であるはずだから、Z銀行における引当は少なくなるはずで、その分は解約清算金を引き下げる効果があるはずである。しかし、MからZ銀行に対するCVAを勘案することがあり、その見合いでYに対する解約清算金が増える可能性がある。このように双方向のCVAを勘案する可能性がある。

次に、譲渡の場合も譲渡先のXまたはA銀行にとって新たに取引相手となるZ銀行のCVAを勘案しなければならないため、理論時価である譲渡金に引当相当額を追加することになる。なお、Z銀行からみると先述のMと同様

---

7 神田他（2013）297頁。
8 バーゼル規制によりわが国でも2014年3月から自己資本規制の対象になっている。
　CVAとは「派生商品取引について、取引相手方の信用リスクを勘案しない場合における公正価値評価額と取引相手方の信用リスクを勘案する場合における公正価値評価額との差額をい」い、CVAリスクとは「クレジット・スプレッドその他の信用リスクに係る指標の市場変動によりCVA……が変動するリスクをいう」（2012年3月30日改正金融庁告示19号1条77の2号）。

に一般的にはXまたはA銀行はYよりも信用度が高いはずなのだが、譲渡取引においてはZとの資金授受がないため、譲渡金を引き下げる効果はないと思われる。しかし、自分の信用力に伴う価格調整のことをDVA（Debt Valuation Adjustment）といい、Z銀行との取引においてXまたはA銀行がDVAを勘案すると譲渡金額を引き下げる効果が生じうると考えられる。

市場参加者すべてがこういったプライスを提示しているわけではない。しかし、このようにリスク管理に基づく市場取引が精緻化していくと、さまざまな要素[9]を勘案する必要があり、どの手法が有利なのかを慎重に判断することが求められる。

4　金融危機時のデリバティブ取引譲渡による資金調達事例

本章の最後に、危機に陥った銀行の資金調達のために筆者が実際に行った取引を紹介しよう。

図表7－5は、図表7－4と同じ構造になっているが、YがCとデリバティブ取引を行っており、このデリバティブ取引の時価がYにとってプラスになっている場合（Cからみると時価がマイナスの場合）を前提としよう。この場合には、Yはこのデリバティブ取引を解約することで時価相当金額の現金をCから取得することが可能になる。

しかし、それではCにとって清算金支払のために現金を用意しなければならないため、即座には同意できまい。そこで、Yはキャッシュリッチで格付けの高い金融機関A銀行をアレンジして、Cとのデリバティブ取引を譲渡することで、資金の受領という同様の効果を得ることができる。この譲渡はCにとってデメリットになることがなく、認めやすいものである。

実は、筆者がかつて勤務していた銀行が資金繰りの危機に直面したことが

---

[9] バーゼル規制では一方向CVAしか認められていないが、IFRS 13号では双方向CVAを容認している。

図表7－5　含み益のあるスワップ取引の譲渡

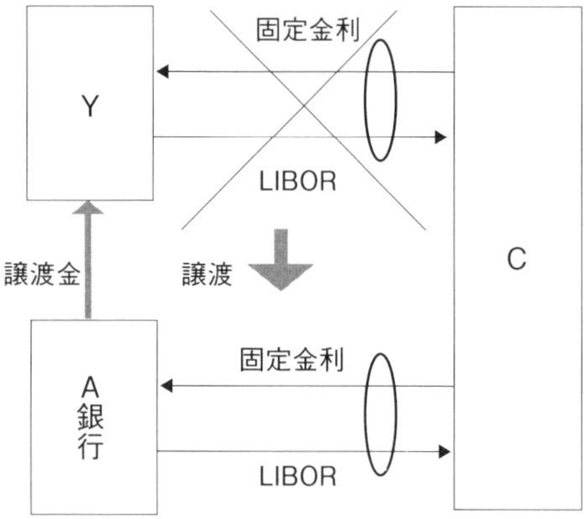

あり、このスキームを実際に利用したことがあった。1998年度の上期であったが、その銀行の信用不安が喧伝され、支店の店頭には金融債・預金等の払戻しのために顧客が殺到するという事態が生じていた。そのため、デリバティブ取引のセクションでも、店頭業務の経験のある人たちに応援要請があるほど、店頭職員たちの肉体的・精神的負担は過重なものとなっていたのである。当然、銀行経営としても、資金繰りが重要な課題となっていた。そこで、当時デリバティブ取引セクションの責任者であった筆者としてもなんらかのかたちで資金調達に貢献できないかと考えたのが、このスキームである。

その銀行ではインターバンク取引や大手生損保等の機関投資家とのデリバティブ取引は、デリバティブ取引担当部が一義的に取引を所管しており、いわゆるRM[10]の金融法人営業部は事後的に取引を追認するだけという手続体系になっていたため、筆者の判断でこのような取引が可能であったのだ。そこで、そのような金融機関等との取引で、当該銀行からみて数十億円以上の

10　リレーションシップ・マネージャー、営業部。取引先の信用リスクを判断して取引を執行することが重要な機能となるが、このケースでは取引相手のクレジットが高いことから、このような手続が定められることになった。

プラスの時価であるデリバティブ取引をピックアップして、本スキームを直接お願いに回ったのである。

対象先は2社あった。ともに日系の大手損害保険会社I社と大手生命保険会社L社である。また、譲渡を受けて、数十億円のキャッシュを用意してくれる外資系の金融機関もあてをつけた。そこで、報道等で周知されてはいたものの当該銀行の非常事態を両社にそれぞれ説明したうえで、デリバティブ取引が当該銀行から外資系金融機関に譲渡されて契約相手を変更する手続が発生するが、資金の授受等は起こらない旨等を説明して了解を求めたのである。両社とも検討することを約束してくれた。

そして、I社は譲渡に協力してくれて、数十億円の資金が当該銀行にもたらされた。しかしながら、L社からは譲渡には応じかねる旨の連絡があった。その理由は明らかではないが、どうやら契約書におけるデフォルト時の清算方法の定め方が、旧式のLimited Two Way方式だったからではないかと考えられる。

Limited Two Way方式とは、デフォルト時の清算において、デリバティブ取引の時価が非デフォルト者からみてプラスであれば請求できるのだが、マイナスであればゼロとして、支払わなくてもいいというものである。すなわち、デフォルト者の有責性を重視した清算方式である[11]。そうすると、本件のデリバティブ取引はL社からみるとマイナス時価であるため、当該銀行がデフォルトすると清算金は支払わないですみ、その分利益となる可能性があるのだ。冷徹な企業論理といえよう。

その後、当該銀行は「破綻」となったが、政府や市場関係者等の尽力で、デリバティブ取引等はデフォルトとは認定されず、大きな混乱は生じなかった。

なお、本件のような資金調達手法は、いわばデリバティブ取引の含み益の

---

[11] デフォルト時にデフォルト者・非デフォルト者にかかわらず、プラスの時価を保有する者が相手に当該清算金を請求できる方式を、Full Two Way方式といい、2000年頃からは主流となっている。

先取りというべきものであるが、Yがそもそも当該デリバティブ取引を時価会計の対象にしていたのであれば、本件譲渡益も会計上一括処理を行うことになる。ヘッジ会計の対象にしていたのであれば、第2節のようにヘッジ対象の借入れなどが期限前返済される場合はヘッジ会計の終了（会計実務指針181項）として本件譲渡益は一括処理すべきであるが、ヘッジ対象が継続される場合はヘッジ会計の中止（同180項）としてヘッジ対象の満期までの期間にわたって損益を配分すべきである。税務上の取扱いもこれらと同様になる。

企業制度（内部統制・会計制度）の適用にみられる諸問題

デリバティブ取引を適切に活用することで企業価値を高めることができる半面、使い方を誤ると損失を被る可能性がある。
　たとえば、デリバティブ取引を放恣に使い、巨額の損害が発生した事例がある。こうした事態を予防するためには、会社法等の内部統制の枠組みを積極的に利用することが要請される。
　また、正しい会計処理は内部統制としても要請され、かつその要素となっている。財務会計基準上、デリバティブ取引に対しては会計処理やディスクロージャーの面で厳格な処理が要請されている。
　この第Ⅲ部では、まず第8章で、資金運用で放埓なデリバティブ取引を行ったがために損害が発生した事例（判例）を検証し、企業価値を保持、向上させるためのデリバティブ取引の内部統制のあり方について検討してみたい。
　次に、第9章および第10章で企業価値向上の観点からはヘッジ取引とみなすべきデリバティブ取引であっても、会計制度や処理方針の過度な保守性から時価会計を余儀なくされていたり、当事者によって判断が分かれている事例をあげて、企業価値の向上のためには形式的な会計処理をすべきではなく、実質的なヘッジについて是々非々で臨むことを指摘したい。著しく保守的な考え方をもってヘッジ会計の適用を否定し、すべてに時価会計を適用し、その結果、具体的な取引に関して非合理的な時価が計上されてしまうために、取引自体を断念したり、かえって企業価値を損ないかねない例がみられるからだ。
　もとより、デリバティブ取引は多種多様であり、どのような処理が妥当なのか即座には判然としないことが多い。したがって、以下で示す諸問題は、まさに一部の例示にすぎないことを了解してもらいたい。

第8章

資金運用目的のデリバティブ取引に関する内部統制のあり方
―運用失敗による株主代表訴訟事例を
　参考に―

2006年施行会社法により大会社等では取締役会がいわゆる内部統制システムを決定することが義務づけられた。また、金融商品取引法でも上場企業における財務報告に関する内部統制が定められている。

　内部統制システムは、コーポレート・ガバナンスの実現を担保する重要な機能である。後述するように内部統制システムの整備は企業価値を守るという消極的な意味だけではなく、企業価値を積極的に向上させる手段にもなる。そして、リスク管理はコンプライアンスと並んで内部統制システムの中心部に位置づけられるが、そのリスク管理で最も注意しなければならない金融取引は、やはりデリバティブ取引[1]であり、しかも投資目的[2]のものであろう。また、企業価値に大きな影響を与えるほどの規模のデリバティブ取引を実行するのであれば、デリバティブ取引に関するリスク管理を内部統制システムに内包する体制を整備することが望まれる。

　以下では、事業法人の投資や資金運用を目的[3]としたデリバティブ取引に関するリスク管理について実際の判例に基づいて考察し、あわせて内部統制システムの一部としてどのような規程や管理方法をつくっていったらよいのかを考えてみたい。

---

[1]　金融商品取引法24条の4の4等に基づき定められた企業会計審議会「財務報告に係る内部統制の評価及び監査に関する実施基準」でも、デリバティブ取引は、財務報告の重要な事項の虚偽記載に結びつきやすい事業上のリスクを有する事業または業務に係る業務プロセスとして評価対象に含めることを検討するように留意されている（2007年2月）。

[2]　金融庁の「金融検査マニュアル」(1999年7月版)にも「デリバティブ商品は、その商品のリスクを十分に管理できる能力及び体力を持っている顧客に販売していることが望ましい。顧客が自己のポジションヘッジではなく、スペキュレーションのためにデリバティブ商品を導入しようとしている場合には、特に慎重に対応しているか」という項目があり、投機目的でリスクを抱える顧客への注意を促していた（なお、2007年4月改訂版では、具体的な内容は金融商品取引法等に委ね、その遵守を促す書きぶりになっている）。

[3]　以下で紹介する判例にみられるデリバティブ取引による運用は、ヘッジを目的としたものではなく、また安定的なリターンを目的としたものでもないことに注意が必要である。

判例[4]の概要

まずは、実際に起こった判例を概観しよう。デリバティブ取引を利用した大規模な運用を行っていたある企業(以下、本章ではA社という)で、経常利益の4倍を超える533億円以上もの損害が発生し、この失敗に対して1998(平成10)年8月、株主代表訴訟(会社法847条)が提起されたのである。東京地裁では直接の責任者であった取締役の違法行為を一部認定したが、損害賠償請求の大部分は棄却された。しかし、多大な損害が発生したことは事実である。

A社は、筆者も毎朝愛飲している乳酸菌飲料等の製造販売を主たる業とする株式会社であるが、1990年代、被告となった丙が資金運用担当の取締役副社長として投機性の高いデリバティブ商品を大規模に取引したことで多額の損害を被った。

(1) 本件経緯

判決文に基づいて本件の年表を作成した。これに従って経緯を振り返ってみよう(〈 〉内は社会一般の動向)。なお、A社の財務状況やデリバティブ取引金額の推移については図表8-1のとおり。

昭和59年以降　丙が責任者(担当役員)として余裕資金を特定金銭信託(以下、特金という)や自社勘定において有価証券運用や株価オプション、債券先物等デリバティブ取引を実施。
平成2年　〈日本の株式市場の暴落始まる。いわゆる、バブル経済の崩壊である。〉

---

[4] 東京地判平成16年12月16日(金融・商事判例1216号19頁)に基づく。なお、第二審東京高判平成20年5月21日(金融・商事判例1293号12頁)、最高裁第二小法廷決定平成22年12月6日(資料版商事法務323号11頁)も同旨である。

図表 8 － 1　A社の各年度の財務状況　　　　（単位：億円、1億円未満四捨五入）

	平成5年度	平成6年度	平成7年度	平成8年度	平成9年度
総資産額	2,251	2,271	2,420	2,308	（注1）
資本金	310	311	311	311	311
法定準備金	483	484	484	484	（注1）
剰余金	873	924	975	1,022	27
経常利益	155	172	141	123	115
デリバティブ実現損益	38	5	△45	1	△533
デリバティブ残高（注2）	不明	1,233	553	505 実質3,595	570 実質3,990
デリバティブ含み損	不明	594	684	（注1）	533

（注1）　判決文に記載なし。
（注2）　「デリバティブ残高」は想定元本。「実質」とあるのはレバレッジ等を勘案したもの。

　　同年9月中間期　　A社保有の特金等の含み損額＝約172億円
平成3年3月期末　　同＝約93億円
　　同年7月　　A社の経営政策審議会[5]にて、直ちには損切りしないこと、資金運用で毎期10億円の利益をあげたうえで余剰利益があれば特金は拡大せず徐々に整理すること等の基本方針を決定。
　　同年10月　　金利スワップション取引を開始、以降金利や株式のオプションの売り[6]取引を拡大させていく。
平成4年9月　　監査法人の意見により、デリバティブ取引の実現損益を当月月次決算より独立勘定科目にて区分計上を開始。これを経営政策審議会にて報告、了承される。これ以降、実現損益は、四半期・中間期・期末

---

[5]　A社において代表取締役社長以下関係役員ほか常勤監査役が出席する会議体、機関。
[6]　後述のとおりオプションの売りは、市場における価格や指標等の変動リスクをとってプレミアム（手数料）を取得するデリバティブ取引である。

ごとに取締役会に報告、了承され、また、有価証券報告書等により中間期・期末に投資家および株主へ報告されている。

平成5年6月　丙の管掌下にあった監査室の独立性を保つために社長、甲の直属に移管。

平成6～7年　株価の下落によりデリバティブ取引に含み損が発生するも、他の取締役等に対して丙はその金額の算定がきわめてむずかしいことや、秘密保持の問題という理由で説明せず。

平成7年3～4月　監査法人が、丙と常勤監査役にデリバティブ取引含み損（試算額約594億円）を報告し、取引の制約および他部署への取引内容報告の制度化を助言。

同年5月　個々のデリバティブ取引について監査法人による監査および、これに加えて、取引実行後、丙の承認を経たうえで、監査室のチェックを受けることとなった。また、監査室は常勤監査役への月次報告を開始。さらに、丙は想定元本金額を増大させないこと等を約束。

同年11月　監査法人が9月末の想定元本金額（1,268億円）以上に増やさないように助言。

平成8年6月　代表取締役社長の交代。新任社長、乙は以降、半期ごとにデリバティブ取引含み損等の報告を受けることとした。

同年9月　〈日経金融新聞にA社の特金やデリバティブ取引の損失についての憶測記事が掲載される。〉

同年9月末　デリバティブ取引含み損額＝約40億円。

同年11月　常務会にて、徐々に運用資産を整理縮小し（従来同様）、2年程度で収束させること、資金運用に関する管理・決裁規程の見直し、新規種類の財テク禁止等の方針を決定。

平成9年3月　〈証券取引法令（現在の金商法令）体系下にある「財務諸表等の用語、様式及び作成方法に関する規則」（以下、財務諸表等規則という）が改正され、当月期より有価証券報告書において有価証券およびデリバティブ取引の契約額や取扱いの方針等を、翌年3月期より当該時価を注

記することが義務づけられた。〉

同年同月　取締役会による「スワップおよびオプション取扱規程」[7]の制定、施行。ただし、具体的な限度枠は設けられなかった（平成7年9月末の想定元本金額（1,268億円）を前提として運用）。

同年　デリバティブ取引の相手となる金融機関から担保を要求され、提供することとなる（年末の提供額は約149億円）。

平成10年2月　経営政策審議会にて社長乙が、デリバティブ取引の含み損は問題であり、この3月期において含み損を開示し、かつ資金運用を全部整理する方針を説明。丙が資金運用の整理に対して反対したものの、他の取締役全員が社長方針に賛成した。

同年3月　〈当月期より有価証券報告書において有価証券およびデリバティブ取引の時価を注記することが義務づけられた。〉

取締役会においてデリバティブ取引を含む資金運用についてすべて中止する旨の決議がなされる（全員賛成）。前社長甲および丙が取締役を辞任。

デリバティブ取引による最終損失額は、合計533億円以上にのぼった。

同年8月　損害金約533億円の賠償を求める本件株主代表訴訟が提起される。

平成11年12月　丙が所得税法違反、業務上横領、特別背任罪および会社財産を危うくする罪で起訴される[8]（後二者はA社より告発）。

平成14年9月　丙は上記刑事裁判において東京地裁ですべて有罪（東京高裁

---

[7] スワップおよびオプション取扱規程（平成9年3月25日付けA社制定・施行）の概要は以下のとおり。
①デリバティブ取引は経理部財務課が執行すること、②同課は執行のつど、経理部担当役員および常勤監査役に報告すること、③経理部担当役員は社長の承認を得て、想定元本限度枠および時価評価の限度枠を設定すること、④市場の急変により限度枠等の基準を超過もしくはそのおそれがあるときは経理部長は直ちに経理部担当役員へ報告し、その判断を仰ぐこと等。

[8] 丙はプリンストン債と呼ばれる損失先送りの仕組債を会社名義で購入したが、個人的に5億3,000万円のリベートを相手証券会社から受け取っており、これにより刑事事件となった。

における控訴審でも有罪）となる。

平成16年12月　本件株主代表訴訟第一審判決、平成20年5月第二審判決、平成22年12月最高裁第二小法廷で上告および上告受理の申立てを退ける決定。

(2) 争点と判決要旨

本判例には4つの争点があったが、そのうち重要な3件[9]を判決要旨とあわせて紹介したい。

[争点1]　丙の行為は平成17（2005）年改正前[10]商法260条2項（多額の借財またはその他の重要な業務執行の取締役会承認、会社法362条4項）または会社定款違反に該当するか。

〈判決要旨〉

① デリバティブ取引は適時に取引を行うか否かの判断が必要であり、取引について丙に決裁権限があること、また、個別取引のリスク相当額はA社の総資産額と比較して必ずしも多額ないし重要ではないことから、個々の取引について取締役会の承認決議を経なかったことに違法はない。

② A社の定款に直接資金運用に関する事項が目的として定められてはいないが、営利事業を目的とする会社が、余裕資金を運用して運用利益を獲得し、会社の財務内容の改善・向上を目指すことは、事業会社においても一般的に附帯業務として予定されているべきものであり、本件デリバティブ取引は会社の目的遂行とまったく無関係な取引とまではいえない。

[争点2]　丙は善管注意義務（旧商法254条3項、会社法330条、民法644条）に違反するか。

〈判決要旨〉

取締役は、会社に対して善管注意義務を負うが、会社の規模等に応じて許容された裁量（経営判断の原則）も認められるとの前提で、

---

[9] 4つ目の争点は、因果関係の有無および損害額である。
[10] 以下では、平成17（2005）年改正前商法は旧商法と、同年制定（翌年施行）会社法はそのままま記す。

① 平成7年5月までの取引については、当時の他の事業法人におけるリスク管理体制に照らして、A社は一応の体制が整備されており、本件デリバティブ取引はA社の方針に沿うもので、規模も過大とはいえず、丙は取引にあたって一応合理的といえる情報収集と分析・検討をしていること、その判断が当時の事業会社の取締役に一般的に期待される水準に照らして明らかに不合理とまではいえないことから善管注意義務違反は認められない。

② 平成7年5月以降、A社のデリバティブ取引残高は相当の規模に拡大し、取引の危険性が現実化・顕在化しており、同年3月に監査法人から大量の含み損の指摘を受け相応の社内リスク管理体制を構築したにもかかわらず、特に平成9年3月以降は、丙は平成7年5月に約束した制約事項（イ．想定元本増額禁止、ロ．単純な期日延長禁止、ハ．リスクを増大させるかたちでの契約条件変更禁止）を遵守しないで、「隠れレバレッジ」（オプション計算式を調整することで契約上の想定元本の倍数の効果をもたらすもの）を使った実質想定元本額の増加を図る等の取引を行ったことから、善管注意義務違反が認められる（損害額は約67億円）。

［争点3］ 丙以外の役員に善管注意義務違反はないのか（内部統制システムの構築義務）。

〈判決要旨〉

取締役は、会社に対し、取締役会の構成員として他の取締役の職務執行を監視すべき義務を負う（旧商法260条1項、会社法362条2項）が、ある程度の規模の会社においては会社の事業活動が広範囲にわたり、取締役の担当業務も専門化されていることから、取締役が自己の担当以外の分野において、代表取締役や当該担当取締役の個別具体的な職務執行の状況について監視を及ぼすことは事実上不可能である。そこで、取締役の監視義務の履行を実効あらしめるためには、代表取締役および当該業務執行を担当する取締役が、具体的なリスク管理などの内部体制を構築し、個々の取締役の違法な職務執行を監督監視すべきである。したがって、取締役に一般的に期待される水準に

照らして、本件デリバティブ取引に関する具体的なリスク管理体制が構築され、これに基づき監視されていたか否かが違法性の有無を判断するポイントである。
① 監査役および経理部担当取締役について……A社では、デリバティブ取引について相応のリスク管理体制が構築されており、また、丙のとった「隠れレバレッジ」による内部規制の潜脱は、金融取引の専門家でない者に発見を求めるのは不可能である。しかも、当時はデリバティブ取引に対して金融機関ですら完備されたリスク管理体制を構築しておらず、A社の監査室や監査法人からも特段の指摘はなかった。一般の事業会社の取締役ないし監査役が平成9年3月以降、丙が独断で行った違法行為を発見できなかったことはやむをえない。しかも、当該監査役および経理部担当取締役は、取引内容の理解に努め、積極的に調査確認を行っており、必要な水準の監視義務を果たしていた[11]。
② 代表取締役社長乙について……乙は、丙の行っているデリバティブ取引の内容の詳細を直接チェックすべき立場にはなく、監査役および経理部担当取締役ならびに監査室から異常な取引がある等の報告がなかったことや、丙の行った内部規制の潜脱を一般の事業会社の取締役が発見できなかったことはやむをえない。
　（注）　その他の取締役に対する善管注意義務違反についても同様に否定された[12]。

11　この部分および次項②代表取締役の責任に関する第二審東京高裁の判旨は以下のとおり。
　　代表取締役やデリバティブ取引の事後チェックの任務を有する経理担当取締役については、その取引がリスク管理体勢に適合するかどうかを監視する責務を負うが、下部組織が適正に職務を遂行していることを前提として、そこからの報告に明らかな不備、不足があり、これに依拠することに躊躇を覚えるなどの特段の事情のない限り、その報告等をもとに調査、確認すれば、その注意義務を尽くしたものといえる。
12　この部分に関する第二審東京高裁の判旨は以下のとおり。
　　その他の取締役については、相応のリスク管理体制に基づいて職務執行に対する監視が行われている以上、特に担当取締役の職務執行が違法であることを疑わせる特段の事情が存在しない限り、担当取締役の職務執行が違法であると信頼することには正当性が認められる。

(3) 本判決の内部統制への示唆

本判例で重要な部分は、デリバティブ取引によって生じた損害に対する取締役の責任、すなわち善管注意義務（旧商法254条3項＝会社法330条他）違反の有無である。

内部規程に違反したデリバティブ取引を拡大させて損害を招いた取締役の丙に関して、その責任を認定したのは当然であろう。

問題は、代表取締役をはじめとする他の取締役や監査役の責任である。本判決では、上記［争点3］で記載したように、大規模会社においては取締役の担当業務も専門化されていることから、担当以外の分野において個別具体的な職務執行の状況について監視を及ぼすことは事実上不可能であるが、取締役の監視義務の履行を実効あらしめるためには、代表取締役および当該業務執行を担当する取締役が、具体的なリスク管理などの内部体制を構築し、個々の取締役の違法な職務執行を監督監視すべき職責を担っていること、すなわち内部統制システムの構築義務が示されている。これは、金融機関の取締役の責任に関するいわゆる大和銀行代表訴訟事件判例[13]および学説[14]を踏襲しているものと思われる。事業法人ではあるものの、上場企業であり、本件のような多大な損害が生じたA社への適用は妥当なものと考えられる。

2　A社のリスク管理上の問題点

直接の責任者であった丙の行為の違法性は一部認定されたものの、他の取締役の法的責任を問わなかった判旨は妥当と思われる。しかし、A社はデリバティブ取引による500億円以上もの損害が生じたのである。法的責任はないとしても、リスク管理上は問題があったといわざるをえない。どういう点

13　大阪地判平成12年9月20日（商事法務1573号4頁）。
14　岩原（2000）。

を反省すべきなのであろうか。

まず、どのような商品で損害を被ったのかをチェックしてみよう。

(1) A社が取引したデリバティブ商品例

判決文を読むと、損害を惹起した商品のほとんどが株価プット・オプションの売り取引であり、想定元本にレバレッジを掛けていることがわかる。

株価プット・オプションの売り取引とは、たとえば、権利行使価格（ストライクレート）を1万2,000円とした場合、当該取引の終了日に日経平均225が、このストライクレートを上回った場合は、契約終了時点での資金授受は発生せず、ストライクレートを下回った（たとえば1万円になった）場合、その差額（2,000円）を支払う義務が生じるという取引であるが、そういったリスクの対価として取引の当初にプレミアム（手数料）をもらえるというものである。株価上昇期待がある環境では、利益獲得のための取引としてよくみられるものである。支払金額の算式例は、次のとおり。

支払金額＝想定元本×（ストライクレート－取引終了日の日経平均225）
／ストライクレート（ただし、正の値）

レバレッジとは、この算式例における想定元本に数値を掛ける場合のその数値のことであるが、分母のストライクレートを除する数値を設置すると同

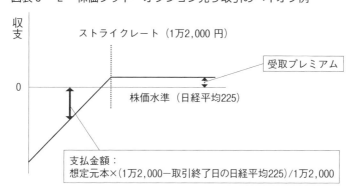

図表8－2　株価プット・オプション売り取引のペイオフ例

様の効果となる。レバレッジを付することによって想定元本を実質的に変更することになる。このようなレバレッジを見過ごして、表面上の想定元本しか管理しないのであれば、それは中途半端なリスク管理だと指弾されてもやむをえまい。ただし、次項で述べるように、このような投機的というべきデリバティブ取引のリスク管理は、想定元本ではなく、あくまでも時価ベースで行うべきである。

　また、A社が取り扱った商品のなかにはノックアウト条件が付されていたものもあったが、これは、取引期間中（終了期日前）に日経平均225が一定のレート（一般的に契約当初に設定する。ストライクレートより高いことも低いこともある）を超えた場合に、取引自体が消滅してしまうというもので、当該オプション取引の「売り手」である企業のリスクを低減させる可能性がある。その半面、当初に受け取ることのできるプレミアムを減少させる。

　さらに、A社は取引内容の変更を頻繁に繰り返していた。たとえば、期限を延長したり、レバレッジの倍数を上げたり、ストライクレートを変更したり、さらには、金利スワップ取引を株価指数オプション売り取引に変更したり、取引相手の金融機関すら変更（譲渡）することまであったのである。このような複雑な契約条件の変更は、既存取引の損害が満期時点で顕現化するのを他のリスクをとることで埋めあわせ、あわせて先送りにすることを目的とするものといわざるをえない。被告意見では、これらは当時の経済情勢や株価の動向を十分吟味したうえでの合理的な判断だと強弁しているが、当時の会計制度上、含み損を実損にしないための方便といわれても仕方ないだろう。

　そういう点から、証券取引法（現在の金商法）の省令である財務諸表等規則で1998（平成10）年3月期より有価証券報告書において有価証券およびデリバティブ取引の時価を注記することが義務づけられたことが、A社の本デリバティブ商品運用の中止の事由となったことは偶然ではないのである。

(2) 何が問題だったのか

　本件のような投資というよりも投機目的でのデリバティブ取引に対するリスク管理は、時価（オプション取引の場合は時価会計導入前の含み損益と等しい）の把握がキーポイントになる。

a　時価把握が重要な運用目的のデリバティブ取引

　事業法人が用いるデリバティブ取引の多くは、資産・負債に係る変動リスク15をヘッジするためのものである。この場合、会計的にも一定の要件を充足させればヘッジ会計が認められており、中途でデリバティブ取引を終了させたり中止（ヘッジ対象の終了等）させたりすることがない限り、デリバティブ取引の時価を把握することに大きな意味はない。

　なお、本件における被告の主張では、資金調達コストの削減や運用利回りの向上などをヘッジ目的として多くの企業がデリバティブ取引を用いており、利用目的をヘッジと投機とに単純に二分できるものではないとしているが、これはヘッジ対象となる資産・負債があってのうえでの利用例であり、本件のように実質的にはデリバティブ取引単体、もしくはレバレッジを掛けて資産負債元本を大きく逸脱する取引にも当てはまる論法とはいえまい。

　本件のように運用目的、さらにいえば投機目的でデリバティブ取引を利用する場合には、時価や含み損益の把握と管理が重要になってくる。市場の動向に即応すべき売買目的での取引だからである。これは金融機関のトレーディング勘定取引に相当する。

b　見送られたチェックポイント

　本件を振り返ると、A社において時価による管理を採用するチャンスが以下のとおり何回かあったのだが、残念ながら見送られてしまっている。

① 平成6～7年、株価の下落によりデリバティブ取引に含み損が発生した

15　時価の変動とキャッシュフローの変動の両方があるが、時価評価の対象とならない資産・負債の期間損益を重視する企業が多いので、主にキャッシュフローの変動を抑制（ヘッジ）するための取引が多いと考えられる。

ため、取引相手先の金融機関から担保の提供を求められることがあった。その頃、丙は他の取締役からデリバティブ取引の含み損益の額について説明を求められたのだが、丙はその金額の算定がきわめてむずかしいこと、満期に損益が確定されるため、これを明らかにする意味がないこと、秘密保持の問題という理由で説明しなかった。他の取締役たちは丙を信頼して、それ以上説明を求めなかったのである。

しかし、丙の言い分には論理的な説得性はない。この時点で、社長以下他の取締役たちが、金融取引の時価や含み損益の重要性を認識しておけば、その後の展開が変わったかもしれない。

② 平成7年3～4月、監査法人が、丙と常勤監査役にデリバティブ取引含み損（試算額約594億円）を報告し、翌5月から、A社では、デリバティブ個別取引について監査法人による監査に加えて、丙は想定元本金額を増大させないことを約束し、さらに同年11月には監査法人が9月末の想定元本金額（1,268億円）以上に増やさないように助言している。

しかし、これらに対してA社取締役会は何も対応しなかったし、監査法人自体も含み損を報告しておきながら、想定元本金額だけを増加させないような方針を助言したことは、いまから考えると反省すべきであろう。

③ 平成9年3月25日付けでA社の「スワップおよびオプション取扱規程」が制定・施行された時も大きなチャンスであったといえる。当該規程のなかには、経理部担当役員は社長の承認を得て、想定元本限度枠および時価評価の限度枠を設定することという条項があったのである。

しかし、時価評価の限度枠が実際には設定されなかった。判決文によると平成9年7月頃までは計算上のA社デリバティブ取引の含み損額も「それほど多額ではなかった」とのことであるが、時価の限度枠が設定されていたら、大きな損害が発生する前に取引を停止できていたかもしれない。平成9年5月以降、社長乙が「適宜」監査室から含み損額等の状況について報告を受けていたにもかかわらず、歯止めがきかなかったのである。ここが最大の問題であり、この部分についても各取締役の責任を不問に付した裁判所の判

断はやや甘いかもしれない。

さらには、重要な管理規程そのものがあいまいであったことも問題といえる。

判決で被告丙が責任を問われたのは、平成7年5月に約束した想定元本増額禁止等の制約事項を遵守しなかったことによるのだが、この「約束」、すなわちA社の管理体制の指針が、どういうレベルで決定されたものなのか判然としない。平成9年3月になってやっと、取締役会で決定されたスワップおよびオプション取扱規程において想定元本限度枠および時価評価の限度枠を設定することが明確になったのである。

しかも、繰り返しになるが、ここに規定されている時価評価の限度額は実際には定められなかった。これは、平成8年の常務会[16]でデリバティブ取引を2年程度で収束させ、平成7年に想定元本限度額を「定めていた」ためとされる。また、その想定元本の限度枠についても、監査法人が助言した平成7年9月末の想定元本金額（1,268億円）を上限と考えられていただけで、規程上で金額が明文化されるには至らなかった。規程はあっても、その運用にもれがあったといわざるをえない。「仏つくって魂入れず」とは、このことである。

3　コーポレート・ガバナンスや内部統制の観点からのデリバティブ取引のリスク管理

企業活動において余剰資金やデリバティブ取引を利用した運用が成功すると企業価値を高めることは明らかである。ただし、本件のように失敗して、企業価値を毀損することもある。したがって、内部統制システムの強化によって資産運用の失敗を予防することは、企業価値を守ることになる。

16　常務以上が参加する重要な会議体であるが、取締役会のような法的位置づけはない。

(1) 企業価値向上のための内部統制

　内部統制システムを整備、強化することは、企業価値を向上させることにもなる。なぜならば、それは、企業価値のマイナスサイドの振れを予防することになるからである。第Ⅰ部第2章で詳説したように、財務状況が悪化し、さらには倒産に至るとさまざまなコスト（格付け下落による資金調達コストの上昇や倒産時の清算処理等の直接経費だけでなく、売上高の減少等の影響）が発生する。投資や資金運用にかかわる内部統制やコンプライアンスの失敗も同様にディストレス（財務状況の悪化）・リスクに直結する。これを予防することによって企業価値が下方に振れるのを抑えることが求められる。

　図表8-3をみてみよう。利益状況が大きく振れる（a～cの間で）企業では、事故等で利益状況がaになると倒産してしまう可能性が高いとする。この場合の利益の期待値がbなので、企業価値の期待値はqである。しかし、内部統制の強化によってディストレス・リスクを防御する（利益状況の左端がaからa'に移動する）と企業価値の期待値はqからpへ上昇する。内部統制のコストが、企業価値のプット・オプションを購入することになるといってもよかろう。

　また、このようなディストレス・リスクのヘッジはリスク資本に余力を生

図表8-3　企業価値とディストレス・リスクの関係図

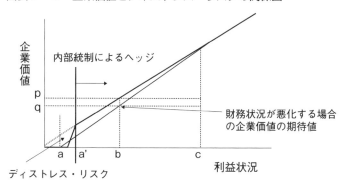

じさせ、負債の余力にもつながり、さらなる投資、そして成長が可能になり、企業価値の向上が図られることになる。負債の増加は、利息の節税効果によって税引き後企業価値を高めることに直接つながる。内部統制システムの整備・強化は、企業のレピュテーション低下や財務の失敗等によるキャッシュフローの毀損を防ぎ、すなわち企業価値の下振れリスクをヘッジし、さらなる企業価値を創造する基盤になるのである。

さて、本章の運用事例に即して考えると、事業法人が、本業以外の投資や資金運用にも取り組むか否かは、企業経営者の判断によるものではある。しかし、取り組むのであれば、経営者には企業価値を向上させる義務があるのだから、リスクに見合った内部統制システム、すなわちリスク管理態勢[17]を構築する義務があろう。

(2) 会社法における内部統制システム

ガバナンスは、さまざまなステークホルダーとの関係において経営者が企業価値を高めるための管理体制をいう。会社法では、大会社[18]および委員会設置会社に対して、これを実効化するための内部統制システムを会社において最も重要な機関の１つである取締役会が制定することを義務づけている。内部統制は、「ガバナンスの一部として、また、リスクマネジメントと不可分の形で企業が健全に管理・運営されるために経営者が構築するものである」[19]とされている。また、よりわかりやすく「リスク管理体制および法令遵守体制」[20]ともいわれている。会社法の条文[21]では、取締役または執行役（委員会設置会社）の職務の執行が法令および定款に適合することを確保するための体制その他株式会社の業務の適正を確保するために必要な体制とされ

---

17 「態勢」は組織的な「体制」のあり方を含めて、さらに身がまえる意味が加わる。
18 資本金５億円以上または負債総額200億円以上の会社をいう（会社法２条および旧商法特例法１の２条１項）。
19 2005年３月10日企業会計審議会「第３回内部統制部会会議録」八田進二部会長発言。
20 前掲注13、大阪地判平成12年９月20日（商事法務1573号４頁）。
21 会社法348条３項４号、同４項、362条４項６号、同５項、416条１項１号ホ、同２項、会社法施行規則98条、100条、112条。

ている。

　内部統制システムの内容[22]のうちデリバティブ取引のリスク管理にかかわる部分は、以下のとおりと考えられる。
① 　損失の危険の管理に関する規程その他の体制
② 　取締役および使用人の職務の執行が法令および定款に適合することを確保するための体制

　この②のコンプライアンス遵守の仕組みを内包するような①のリスク管理規程の作成と体制整備が、デリバティブ取引に対する内部統制システム構築のポイントとなろう。また、連結ベースのガバナンスの観点が欠かせないのはいうまでもない。ただし、これに従って構築した体制が不十分であることで直ちに取締役の違法が問われるわけではなく、事後的に損害が発生した際に、取締役の構築した体制の内容が、構築当時の社会通念を基準として、その裁量の逸脱とならないか、そしてその結果として善管注意義務（会社法330条、民法644条）や忠実義務（会社法355条）の違反とならないかが判断されるものと考えられる。これらの判断は、個々具体的な企業の経営状況に応じてなされるべきものであるが、会社経営に大きなインパクトを与えた本件のような巨額の投機的デリバティブ取引に関しては、金融機関に準じたリスク管理体制、すなわち時価を把握できる体制の構築が、会社法からも求められるものと考えられる。

(3)　金融商品取引法および企業会計における内部統制

　金融商品取引法においても、上場企業等は、財務計算に関する書類その他の情報の適正性を確保するために必要な体制について評価した報告書（内部統制報告書）を有価証券報告書とあわせて当局に提出し[23]、かつ特別の利害関係のない公認会計士または監査法人の監査証明を受けること[24]とされた。

22　会社法施行規則98条、100条、112条。
23　金融商品取引法24条の4の4。
24　金融商品取引法193条の2第2項。

そして、企業会計において、この財務報告に係る内部統制の評価および監査に関する具体的基準が設定されている[25]。

この背景には、米国で企業の内部統制の重要性が認識され、COSO（トレッドウェイ委員会支援組織委員会[26]）の内部統制の基本的枠組みに関する報告書（1992年）から企業改革法（SOX法、2002年）[27]までの動きがあったことや、わが国でも企業不祥事が頻発したことがあげられる。

内部統制基準における内部統制の定義は、「基本的に、業務の有効性及び効率性、財務報告の信頼性、事業活動に関わる法令等の遵守並びに資産の保全の4つの目的が達成されているとの合理的な保証を得るために、業務に組み込まれ、組織内のすべての者によって遂行されるプロセスをいい、統制環境、リスクの評価と対応、統制活動、情報と伝達、モニタリング（監視活動）及びIT（情報技術）への対応の6つの基本的要素から構成される」とされている。そして、内部統制基準では、このうち「財務報告の信頼性」を確保するための内部統制の有効性について、経営者による評価・報告ならびに公認会計士等による監査実施の方法・手続についての考え方が示されている。デリバティブ取引のリスク管理に関しては、この内部統制基準が、すでに実施されている金融商品会計基準[28]を補完することになると考えられる[29]。

---

25 「財務報告に係る内部統制の評価及び監査の基準」、「財務報告に係る内部統制の評価及び監査に関する実施基準」（ともに2007年2月15日公表）。以下、内部統制基準という。
26 Committee of Sponsoring Organization of the Treadway Commission.
27 2001年のエンロン事件や2002年のワールドコム事件などの粉飾決算が引き金となって制定されたSarbanes-Oxley Act of 2002である。
28 2001年3月期決算から適用された「金融商品に関する会計基準」および日本公認会計士協会「金融商品会計に関する実務指針」（以下、それぞれ金融商品会計基準および会計実務指針という）。
29 内部統制基準では、財務報告の重要な事項の虚偽記載に結びつきやすい業務の例としてデリバティブ取引をあげており、財務報告に係る内部統制の評価対象に含めることを検討するよう留意されている（実施基準Ⅱ.1(2)②ロa）。

(4) 投資目的のためのデリバティブ取引の内部統制のあり方

　投資を目的としてデリバティブ取引を行うための内部統制について議論する前に、利用目的としては、より一般的であるヘッジ目的のデリバティブ取引について簡単に触れておこう。

　ヘッジ目的の場合は、金融商品会計基準および会計実務指針によってヘッジ方針やヘッジ取引規程の明文化、ヘッジ効果の事前・事後検証等が求められ、さらにディスクロージャー制度（財務諸表等規則）において取引内容やリスク管理体制等の定性的事項、時価および契約金額等の定量的事項等を開示することなどが求められている。そして、これらを遵守し、会社内外に報告することがデリバティブ取引に対する十分な内部統制システムになっていると考えられる。

　これに対して、資金運用や投資を目的としたデリバティブ取引に関しては「時価会計」で対応するというルールが中心[30]であり、これをディスクロージャー制度で補完しているのだが、具体的方法に関してはヘッジ会計に比べて企業の自己責任に委ねる枠組みとなっている。これは、取引の時価変動が毎期の損益に直接反映されるという時価会計制度自体がリスク管理として十分なものであるという考えや、デリバティブ取引をヘッジではなく運用目的中心で利用する企業が金融機関を除いては、そもそも少ないということが背景にあるものと考えられる。

　なお、預金等のヘッジ対象の原資産があり、満期保有を前提にするような安定的な運用目的のデリバティブ取引に取り組む場合にはヘッジ会計が認められてはいるものの、オプションを売る仕組みでは、原則として時価会計による管理態勢が求められている。このような時価会計の取扱いがふさわしいのかはやや疑問であり、次節で考えてみたい。

---

[30] 資金運用や投資の主要な手段である有価証券の処理については、短期売買による利益獲得を目的とした保有の場合は時価会計が義務づけられるが、満期保有その他の保有目的では償却原価方式での処理となっている。

ところで、本章で取り扱った判例は、時価のディスクロージャー制度の実施を目前に控えて、その対応を迫られた結果、焙り出された損失の事例といってよい。そういう意味では、時価会計制度の導入によって管理対応が可能だった事例ともいえる。しかし、特に短期売買による利益獲得を目的とした資産運用方針のもとでは、大きな損失を防ぐためには、本判例を参考にして以下①から⑤で示すようなリスク管理態勢を内部統制システムの一環として構築しておく必要があろう。これらの項目は、いわゆるトレーディング勘定によるデリバティブ取引を行う金融機関に求められる管理方法であるが、大企業だけではなく、中小企業や学校法人等で短期売買による利益獲得を目的とした投資を行う場合にも当てはまるものと思われる。

① 　リスク金額および将来変動の把握……デリバティブ取引の契約上の元本はまさに想定元本にすぎず、運用目的のデリバティブ取引に対するリスク管理においては不十分である。時価の把握こそが重要である。自社で計算することが望ましいが、エキゾティックオプションなど計算のむずかしい取引は、取引先の金融機関が必ず計算している[31]ので、その資料をもらって対処すべきであろう。また、時価や将来にわたるキャッシュフローが今後どのようなリスクにさらされているのかを認識する必要もある（リスクファクターの特定と後述するSensitivity分析等の認識）。さらには、金融機関のように時価の変動確率を織り込んだリスク量であるVaRを計算し、その上限を設けて管理できるのであれば、さらに望ましい。
② 　取引時価または含み損額の上限枠の設定……既述したとおり本判例で示されたリスク管理で最も反省すべき事項である。金融機関でいうロスカットルールである。この上限金額については、まずは会社の当期利益や自己資本等の範囲内で、デリバティブ取引に限らず、このような運用取引の損

31　時価の計算については、計算モデルや取引（商品）の流動性等によって正確な時価を算出することが困難なことがあるし、そもそも「時価」とは何かという問題もあるが、金融機関の管理する金額を参考数字として把握するだけでも有益であろう。

失可能金額に備える金額を概算し、さらには、損失が発生した運用取引を解約するなど手仕舞うまでの流動性リスク[32]を勘案した金額を設定することが望まれる。

③ モニタリングの頻度向上……本判例における会社では、代表取締役等の経営者がデリバティブ取引の含み損益額をチェックするタイミングを「適宜」と決めていたり、半年に1度にしたりしたが、オプションの売りなどのデリバティブ取引による投資では、短期間での値動きが大きくなることもありうることから、最低毎月1回は経営レベルでモニタリングすべきであろう。また、A社の「スワップおよびオプション取扱規程」にあったように、市場の急変により限度枠等の基準を超過もしくはそのおそれがあるときは、即時に経営レベルに報告すべきである。この経営レベルというのは、取締役会でもよいが、開催の頻度の関係等から、担当取締役または執行役クラスによって構成される「運用委員会」等の機関を設置し、そこで報告、議論しても良いであろう。

④ 牽制機能体制の充実……モニタリングを実施するセクション(監視部門)は、取引実行部門とは違う担当にして、経営層に直に報告する態勢とすべきである。金融機関でいうリスク管理部門などのミドル・オフィスの設置である。なお、A社でも社長直轄の監査室が本件取引をモニタリングするようになったが、取引実行責任者であった副社長の被告丙の意見を考慮しなければ、さまざまな方針を実施できない態勢であったことが問題の1つであったといえよう。

⑤ 規程の制定とその運用の実質化……上記の内容を含めた規程を取締役会レベルで制定することが会社法の内部統制システムとして求められることであるが、本判例でみられたように取引限度額を設定する旨の規程があっても、その金額が定められず、実際に運用されていなければ意味がない。

---

[32] 取引商品のマーケット規模からどの程度の時間で清算できるかを検討し、その間の時価変動見込金額も損失見込額とすることが堅実である。ただし、金融危機時のような場合、流動性が著しく枯渇する可能性があることにも配慮が必要であろう。

規程に定められる重要な事項の運営や資金運用の結果については「運用委員会」等の機関のみならず取締役会での報告[33]も定期的に実施すべきであろう。

なお、資金運用や投資目的のデリバティブ取引に対して、すべての企業が上述のような態勢を用意する必要はない。ここでも会計と同様に重要性の原則が妥当し、経営に小さなインパクトしか与えないような運用規模であれば、上述のようなレベルでの管理は不要であろう。その基準としては、たとえば、財務諸表等規則ガイドライン[34]にあるようにデリバティブ取引の時価が資産または負債・資本の5％を超えると区分計理し、さらに、本件のように経常利益の数倍に当たる含み損を抱えるようなケースであれば、金融機関に近いレベルでの管理体制[35]が求められるだろう。

国民生活のインフラである金融システムにおける債権者、すなわち預金者の保護を背景とした金融機関のリスク管理と事業法人のそれとを一概に同じく論じる必要はない。事業法人では、金融機関の例を参考として、株主をはじめとしたステークホルダー（もちろん債権者を含む）の利益を考慮した検討がなされるべきなのである。また、それが、本来的には、会社法制定過程における同法に関する法務省令案にあったように「我が国の株式会社の企業統治（コーポレート・ガバナンス）の質の向上に資する」[36]内部統制システムの構築ということになるのであろう。

---

[33] なお、旧商法260条4項および会社法363条2項等では、業務を執行する取締役は3カ月に1回以上、自己の職務の執行の状況を取締役会に報告しなければならないとされている。

[34] 流動性資産負債に関して「「財務諸表等の用語、様式及び作成方法に関する規則」の取扱いに関する留意事項について」（金融庁、財務諸表等規則ガイドライン）19条および50条で基準を定めている。たとえば「デリバティブ取引により生じる正味の債務でその合計額が負債及び純資産の合計額の100分の5を超えるものについては、当該デリバティブ取引により生じる正味の債務の内容を示す名称を付した科目をもって掲記する」（同50条）。

[35] 銀行法施行規則13条の6の3や信用金庫法施行規則15条の5の3では、1,000億円以上かつ総資産の10％以上の短期売買による収益獲得目的の市場取引（特定取引）残高を有する当該機関は、他の財産や取引から区分した特別勘定を設置し、市場リスク管理態勢を構築する必要がある。

長期保有を目的とした投資の簡易リスク管理例

　資金運用や投資の手法には、これまでみてきたように、主に短期的売買によって利益を獲得する目的のものもあれば、リスクをあまりとらないで長期・安定的な運用を目指すものもある。企業や個人、それに基金等でも一般的には、後者のほうが多いのではないだろうか。いずれにせよ、企業価値に大きな影響を与えるような金額を運用する場合には、環境の変化や運用者個人の考え方によって方針が振れるリスクを防ぐためにも、まずは以下のような運用方針を定めておく必要があろう。

① 　リスクをとらずに国債や銀行預金等による低利安定的な運用（安定型）
② 　一定のリスクをとってある程度の利回りを享受する運用（中間型）
③ 　ハイリスク・ハイリターンを目指す運用（投機型）

　上記第3節で考察したリスク管理態勢（リスク金額および将来変動の把握、取引時価または含み損額の上限枠の設定、モニタリングの頻度向上、牽制機能体制の充実、規程の制定とその運用の実質化）を内部統制システムの一環として構築することは、③投機型の運営方針のもとでは必要であろう。しかし、①安定型や②中間型の方針には必須とはいえないものと考えられる。①安定型の場合は、この大方針を遵守するということであれば、簡単な管理態勢で対応できよう。

　ここでは、②の中間型、すなわち長期的に一定のリスクをとって、ある程度の利回りを享受する方針でのリスク管理態勢のあり方を検討したい。これは、ある意味では短期運用のリスク管理よりもむずかしい点がある。それは、時価会計による管理では片付かない面があるからだ。

36　この表現は2005年11月29日に公表された「株式会社の業務の適正を確保する体制に関する法務省令案」1条にあったが、踏み込んだ表現のせいか採用されていない。なお、（　）内は筆者による挿入。

図表 8 − 4　短期金利預金と金利キャップ売り
取引の組合せ

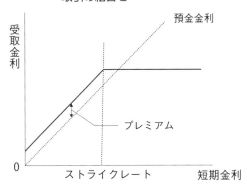

(1) 時価（評価損益）による管理のむずかしさ

　デリバティブ取引の時価は、経済上も会計上も現時点での取引価額となる[37]。デリバティブ取引の取引価額は、理論的には解約清算金または他社への譲渡・転売価額に等しくなる。この計算値は、将来キャッシュフローおよびオプションの現在価値で、プラスの場合もマイナスの場合もありうる。しかし、この時価とは、現時点の市場で観察される金利・為替、ボラティリティ等[38]から計算される契約上残存する将来の受払キャッシュフローの現在価値で、現時点ではそれで取引（転売または解約）されるもの[39]だが、実際に将来のキャッシュフローが取引時点の市場に内在する指標（インプライド・レート）どおりになることはほとんどないといえる。将来にわたる支払キャッシュフロー総計金額が、計算時点の現在価値合計額より増えることも、減少することもありうる。

　時価をどのように管理すべきかは、いろいろな考え方がありうる。金融商

---

[37] 会計実務指針47項以下参照。
[38] 取引の売買価格の計算はインプライド・レートで行い、リスク管理はヒストリカルな時系列モデルで行うことが一般的である。
[39] 別途オファー・ビッド等のコストや信用コスト（CVA等）は必要。

品会計基準や会計実務指針では、ヘッジ会計の要件を満たさないもの、たとえばオプションの売りなどは時価会計の対象になってしまう。

たとえば、短期金利預金の原資産と、その金額の範囲内の想定元本の金利キャップ（オプション）売りの組合せの運用（図表8－4。ストライクレートまでの金利上昇ではキャップ売りによるプレミアムによって運用利回りがアップする一方、ストライクレートを超えて金利が上昇する環境では、運用利回りは一定のまま、すなわち上昇メリットを放棄する）では、原資産である預金取引は簿価で管理し、金利キャップは時価で管理するというアンバランスな管理になってしまう。この組合せ預金は、単純な上限金利付預金として管理できるにもかかわらず、である。

このようにリスクに対して中間的な運用形態では、時価会計による管理はかえって混乱を招きやすい。運用の原資産が明確にあり、その金額の範囲内でのデリバティブ取引を満期まで保有するつもりであれば、資産ポートフォリオ全体、さらには資産負債全体で管理すべきであり、有価証券[40]と同様に時価は「参考値」として把握し、それが含み損として、ある一定の金額以上になった場合はバランスシートに当該時価を計上し、強制償却するという考え方もありえよう。ただし、各取引について定期的に、どういう金利条件や為替条件になったら、どのようなリスクが生じるのか、期間損益はどのような動きになるのか等はきちんと把握する必要がある。そのためには、リスクをわかりやすく示すグラフを作成することが重要である（図表8－5以下参照）。

(2) ポートフォリオ全体のなかで把握

長期保有を前提とする個々のデリバティブ取引を取り上げて、「勝ち負け」

---

[40] 有価証券は保有目的で会計処理が異なる（満期保有＝簿価、投機目的＝時価、その他＝実質簿価）。有価証券は、簿価が購入価額として存在するのに対して、デリバティブ取引は簿価自体が存在しないケースが多いため、保守的な時価による把握が採用されているものと考えられる。

や時価の毀損を議論することは、建設的とは思われない。運用資金全体の一部としてデリバティブ取引が利用されるのだから、預金や有価証券等とあわせた資産全体で管理すべきであり[41]、さらには資産・負債・純資産全体でどういうパフォーマンスをあげるような構造になっているのかを分析、管理する必要がある。

その場合、第1章で概観したようなALM（Asset Liability Management）による管理が求められよう。ただし、運用中心のAsset（資産）だけを対象と考えても、以下の管理手法は有効である。

a　期間損益ベースの管理

① 　将来キャッシュフローの管理……各資産について金利や為替等の指標がある単位（たとえば、各期間の金利すべて0.1％、為替0.1円）変化した場合に、それぞれの受払金額が年ごとにどれだけ変化するのかを把握、さらに、損益グラフ（ペイオフ・グラフ）を作成し、それを全資産でトータルに把握するものである。このグラフにより年ごとのおおよその損益額が把握できる。

② 　EaR（Earning at Risk）による管理……これは以下で示す④VaRによる時価管理手法を将来の各期間に展開するもので、各期間の損益の振れ幅をリスクとして認識するものである。ただし、金利等の変動指標に対してモンテカルロ・シミュレーション等を行う高度な作業を必要とする。

b　時価ベースでの管理

この管理方法は、前節(4)項のリスク管理態勢における「①リスク金額および将来変動の把握」に対応するものである。長期保有する目的で運用する場合であっても、契約期間中に解約することがあり、そのときに備えて、やはり時価ベースでの管理は、参考数字としてではあるが、重要なものといえる。

41　たとえば、デリバティブ取引が内包されている有価証券（いわゆる仕組債）の管理では、デリバティブ部分のリスクを区分して管理することは重要であるが、それをふまえて債券全体としての収益とリスクを管理することのほうが重要である。

③ Sensitivity分析による管理……各資産について金利や為替等の指標が、ある単位（たとえば、各期間の金利すべて0.1％、為替0.1円）変化した場合に、各資産の時価がどれだけ変化するか、かつ全体がどれだけ変化するのかを把握する手法。

④ VaR（Value at Risk）による管理……上記③に短期間の変動率[42]を掛けたもので、かつ資産間の相関関係も考慮する。たとえば1カ月後のポートフォリオ全体の時価に対して、過去の経験による一定の確率範囲内で、どの程度の損害が発生するのかが把握できる。

金融機関や投機的な運用を大規模に行っている企業でない限りは、難度の高い管理手法であるVaRやEaRの計量ではなく、上記①の将来キャッシュフロー管理をメインに据えて、あわせて③のSensitivity分析による時価管理を参考値とすることが望ましいと考えられる。

(3) グラフによる管理例

一定のリスクをとってある程度の利回りを享受するという中間型運用ポートフォリオについて具体的な例を用いて管理してみよう[43]。上記(2)項で考察したように、ここでは金融機関や投機的な運用を大規模に行っている企業ではないとし、将来キャッシュフロー管理をメインに据えた方法を例示したい。

a 定期預金と金利スワップ取引のポートフォリオによる運用例

2つの定期預金とリバース型金利スワップ取引（変動金利TIBORが上昇すると支払金額が2倍になる）のポートフォリオに関する期間損益ベースの管理および時価ベースの管理（Sensitivity分析による管理）を考える。20億円を2年物定期預金1（金利：1.0％）で、100億円を3カ月物定期預金2（金利：TIBOR-0.2％）で運用しているとする（図表8-5）。なお、TIBORの計算期間はまちまちであるが、図表における利息金額は比較の便のため1年物と

---

[42] ヒストリカルに観測される標準偏差（ボラティリティ）×信頼区間。
[43] 便宜上、利息に対する源泉徴収税は考慮しない。

図表 8 - 5　定期預金のペイオフ・グラフ

〈20億円定期預金 1 : 2 年物（1.0%）〉

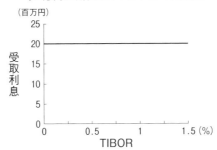

〈100億円定期預金 2 : 3 カ月物（TIBOR－0.2%）〉

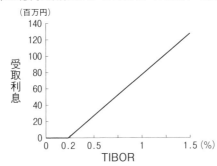

して計算している。

　ここでは、さらに、低金利状態への対策として、以下の条件の金利スワップ取引（コーラブル条件付き。「マルチコーラブル・ダブルリバース金利スワップ」と呼ばれる）も行っているとしよう（損益グラフは図表 8 - 6 のとおり）。

〈マルチコーラブル・ダブルリバース金利スワップ取引の条件〉
・想定元本……30億円
・残存期間……5年。ただし、2年後から利息交換日ごとに取引相手の金融機関からペナルティなしでコール（中途解約）する権利がある。
・受取金利……1.35% － 6 カ月TIBOR（≧ 0）
・支払金利：6 カ月TIBOR

図表8-6　マルチコーラブル・ダブルリバース
　　　　 金利スワップのペイオフ・グラフ

〈30億円金利スワップ取引：1.35％－TIBOR vs TIBOR〉

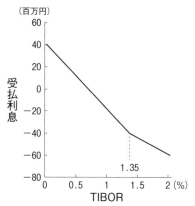

（注）　縦軸の金額はTIBORを1年金利換算した金額。

図表8-7　資産運用管理表例

（単位：百万円）

科目	取引条件				受払金利管理 （1年間の金額）			時価管理	
	残存 期間	元本 金額 （想定 元本）	受取 金利	支払 金利	0.1％ 上昇 受取 変化額	0.1％ 上昇 支払 変化額	0.1％ 上昇 トータル 変化額	時価	0.1％ 上昇 時価 変化額
定期預金1	2年	2,000	1.00％	－	0	－	0	1,980	－3.9
定期預金2	3カ月	10,000	TIBOR －0.2％	－	10	－	10	10,000	－2
金利スワップ取引	5年 (コーラブル)	3,000	1.35％ －TIBOR	TIBOR	－3	－3	－6	－245	－13
合計		15,000			7	－3	4	11,735	－19

この金利スワップ取引は、TIBORが上昇すると受払金利合計が低下するリスクがある。TIBORが1.35％までは2倍のTIBOR上昇リスク、受払金利ネットの低下リスクを負うのである。すなわち、2倍のレバレッジ・リスクを負っている。逆に、TIBORが低い状態ではメリットを得られる。すなわち、TIBORが1.35％の半分の0.675％までは、受取超過となる。なお、2年後から利息交換日ごとに取引相手の金融機関からペナルティなしでコール（中途解約）する権利があるため、受取金利サイドの1.35％という金利を享受できるのだ。

　以上の2つの定期預金および1つの金利スワップ取引のトータルでの管理例を図表8－7でみてみよう。

　この運用ポートフォリオは、一定のリスクをとってある程度の利回りを享受する中間型であるため、時価管理よりも期間損益、すなわち1年間の受払金額のペイオフが重要である。現状のTIBORが0.5％とすれば、100億円の定期預金の金利は、TIBOR－0.2％＝0.3％、金利スワップ取引は0.35％の受取り超となる。金利上昇時の受払金利管理においては、100億円定期預金の金利上昇メリットが大きいのでトータルでは耐性が強い。

　これらの合計値をグラフ（図表8－8）でみよう。

図表8－8　3契約例の合計受取利息

〈資産ポートフォリオの合計受取利息〉

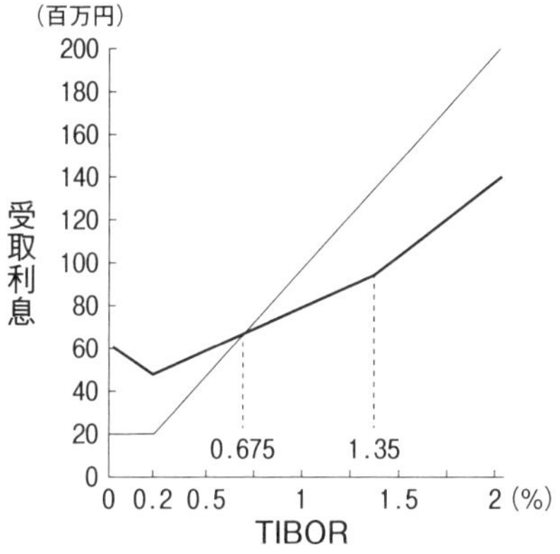

グラフの太い線が3契約の合計受取金額であるが、細い線は2つの定期預金の合計受取利息である。すなわち、金利スワップ取引がない場合のペイオ

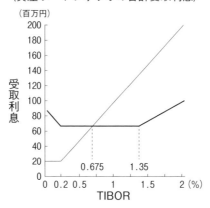

図表8－9　金利スワップ取引想定元本が50億円の場合のペイオフ・グラフ

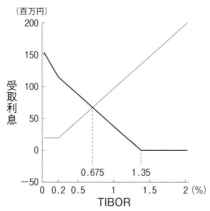

図表8－10　金利スワップ取引想定元本が100億円の場合のペイオフ・グラフ

フである。太い線が細い線より上にある部分が金利スワップ取引を取り組んだメリット部分で、逆がデメリット部分である。やはり、TIBORが0.675%までは金利スワップ取引のメリットがある。

b　デリバティブ取引にレバレッジを掛ける

　上述したように、100億円の定期預金の金利上昇メリットが大きいため、トータルでも金利上昇メリットがあるが、金利スワップ取引の想定元本にレバレッジを掛けて大きくすると金利上昇の影響が運用資産トータルの受取金利を減少させることになる。金利スワップ取引の想定元本を50億円にした場合の資産ポートフォリオ全体のペイオフは図表8－9のとおりであり、金利上昇メリットが劣ることが明瞭になる。図表8－10のように金利スワップ取引の想定元本を100億円にした場合はさらにレバレッジが大きくなり、低金利時にはメリットは大きいものの、TIBORが1.35%以上になると資産全体の受取金利がゼロになってしまう状態に陥る。

　重要なのは、このように表やグラフによってシミュレーションを行い、どのようなリスクにさらされて、損益が変化するのかを管理することである。

　なお、これらの表やグラフでは、たとえば各取引が満期になった後の運用方法（同じ満期期間の定期預金で継続するのか、満期期間を変更するのか）、その時の金利状況、さらには金利スワップ取引のコール行使等が反映されていないし、時価情報は読み取れない。このような限界や欠点を十分に認識して管理することも重要である。

　言い換えれば、時価をチェックし、期間損益とあわせて管理することも重要である。実際のオペレーション、たとえば解約を検討する際には、時価（およびオファービッドコスト＝売値と買値の差額等）が解約金額になるからだ。

(4)　グラフを描くことの不可能な資金運用失敗事例

　本節では、主に長期的に一定のリスクをとってある程度の利回りを享受する方針でのリスク管理態勢（②中間型）について議論してきた。

しかし、どのような運用方針であれ、資金運用商品のリスクに対する投資家自身の認識が甘い場合は危険な状況といえ、そのような失敗事例をあげると枚挙にいとまがない。そのほとんどが、短期の利回り向上をねらって、長期のリスクを負う仕組みのオプションの売りが組み込まれた金融商品（仕組債やデリバティブ取引単体）である。これは、もはや投機としかいえないものであろう。

　以下で示す取引は、実際にわが国の投資家Xが証券会社Yとの間で取り組んだ投機的デリバティブ取引であり、損害金をめぐって訴訟になった事例[44]である。

〈取引事例：米ドル・スワップスプレッド・スワップション（マルチコーラブル型）〉
・想定元本……合計75百万米ドル
・取引期間……10年間、3カ月ごとの金利交換
・Xの受取金利……当初1年間米ドル10.5％、その後9年間は、
　　　　　　　　（10年物米ドルスワップ金利－2年物米ドルスワップ金利）×4
　　　　　　　　（ただし、ゼロ％以下の場合はゼロ％とする）
・Xの支払金利……3カ月米ドルLIBOR
・各利払日においてY証券会社からの申出により期限前解約が可能。

　この取引は、投資家Xの受払キャッシュフロー（（10年物米ドルスワップ金利－2年物米ドルスワップ金利）×4（≧0）、マイナスの3カ月米ドルLIBOR）のネット受取金額が大きくなると受取り後に期限前解約されるのだが、逆に

---

[44] 東京地判平成21年3月31日（金融法務事情1866号88頁）、当該商品説明および判例評釈として福島（2009）、首藤他（2011）第12章（福島担当）。なお、第一審の結果は、全体の損失金額約25億円のうち過失相殺等により証券会社Yの賠償額が約7億円になっている。

図表8－11　証券会社Ｙの作成した感応度分析表
〈①前提となるイールドカーブの形状変化〉

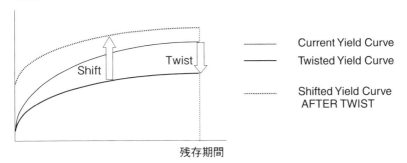

〈② 分析表例：2年目のケース〉

18yr Shift ↓	Twist → (Flattening)			
	－300	－200	－100	0
0	18.21%	15.85%	11.68%	6.55%
100	23.17%	20.51%	16.06%	10.47%
200	27.80%	24.88%	20.21%	14.35%
300	32.11%	28.99%	24.15%	18.02%
400	36.12%	32.84%	27.94%	21.49%
500	39.87%	36.47%	31.40%	－
600	43.37%	39.88%	－	－
700	46.64%	－	－	－

(注1)　実際は1年目から4年分（4つの表）が作成された。
(注2)　本表は、取引開始2年後に、たとえば18年物米ドル金利が200ベーシスポイント（2％）下落（Twist）し、さらにすべての年限の金利が400ベーシスポイント上昇（Shift）すると、時価が32.84％（表中下線部）下落するということを示していると推察される。
(出所)　裁判資料に基づいて筆者作成

それが小さくなり、場合によっては支払キャッシュフローがふくれあがり、取引の時価がマイナスになると期限前解約されずに、そのまま満期に至るまで支払が継続されてしまうというものである。マルチコーラブル型というの

は、オプションの権利行使判断の回数に関する用語で、複数回（通常、利払いごとに）の判断（本件は証券会社Yによる）で行使（行使されたら、それで解約）されることになる。行使回数が1回だけのヨーロピアン型オプションに比べて、プレミアムが高くなる。しかも、4倍のレバレッジが掛かっている。

　こういった仕組みは、キャッシュフローの管理だけではなく時価等の管理も必要である。本取引に関して当事者である証券会社Yの作成した資料をみてみよう（図表8-11）。

　図表8-11①で示されているのは、この取引の時価にとっては10年間にわたって10年物米ドル金利の変動が大きな影響を与えるため、取引の期間にわたって20年物～10年物の米ドル金利リスクを負い、それは受取10年物金利と支払2年物金利および3カ月LIBORの差が縮小（Twist）し、さらにそれら金利を含むすべての期間にわたる金利が上昇（Shift）することだということである。そして、②は、たとえば2年後にそのような金利変化が発生した場合の時価の毀損比率を細かく示している。ただし、この資料にはオプション価格の計算に必要なボラティリティの影響が示されていない。

　このような複雑なオプションが組み合わせられた取引のペイオフは、少なくとも2次元のグラフに描くことはできない。こういったグラフに描けない取引は、高度なリスク管理態勢の整った金融機関のような組織体でない限り、行うべきではないものと考えられる。

第9章

長期固定金利上昇リスクの
ヘッジ戦略と会計処理

デリバティブ取引の会計処理について2001年3月期決算から適用されている会計実務指針および会計Q&Aでは、時価会計・ヘッジ会計に関しての一般的準則を示すのみならず、詳細な例が設定されており、実務者に混乱を招かない工夫がこらされている。

　しかし、実際に行われているデリバティブ取引は多種多様であり、ヘッジ会計の対象になるのか、時価会計の原則で処理すべきなのかなど即座には判断できないものもある。

　また、企業や公認会計士のなかには、著しく保守的な考え方をもってヘッジ会計の適用を否定して、すべてに時価会計を適用し、その結果、具体的な取引に関して非合理的な時価が計上されてしまうために、取引自体を断念したり、かえって企業価値を損なったりしかねない例がみられるようだ。しかし、企業価値の向上のためには形式的な会計処理を議論するだけではなく、実質的なヘッジについて是々非々で臨む必要があろう。

　本章では会計実務指針や会計Q&Aでは直接的なコメントはないが、その主旨等からヘッジ会計処理を認めるべき取引例、すなわち将来予定している固定利付負債に対する金利スワップ取引を具体的なケースに即して検討してみたい。

【ケース】
　3カ月後に固定利付社債（5年物）100億円の発行を予定している企業が、発行予定時に現在よりも金利が上昇するリスクを抑止したい。どのようなデリバティブ取引が利用できるだろうか。

固定利付負債を予定取引とするヘッジ処理

(1) 将来発行する利付負債を対象とするヘッジ取引

会計実務指針170項(3)では、「ヘッジ対象とされた予定取引が社債、借入金等の利付負債の発生である場合には、(ヘッジ手段の)繰延ヘッジ損益は、引き続き純資産の部に計上し、繰延償却法により当該負債に係る利息費用の発生に対応するように各期の損益に配分する」[1]とされている。

将来の利付負債をヘッジする取引について、わかりやすい例は、将来予定されている変動利付借入に対して、その期間にあわせてあらかじめ固定化(固定金利支払、変動金利受取り)の金利スワップ取引契約を締結しておくことであろう。将来予定されている借入れ等の金利を事前に固定化するという取引の意義は、単に変動金利の将来の上昇リスクをヘッジするのみならず、予定される借入期日よりも現在のほうが有利なレートで固定化できるという判断(または相場観)がさらにそこにあるということである。

なお、一般的には、複雑な処理を避けるため、金利スワップの特例処理の条件(会計実務指針178項)を満たすスワップを取り組むものと考えられる(「予定取引」実行の確実性がその適用の是非の最大要素となろう)。

(2) 将来予定される固定利付負債の金利上昇リスクヘッジ

会計実務指針170項(3)は、さらには会計実務指針の設例20のような将来の変動金利の1回だけのヘッジをFRAで行う取引(後掲(4)項参照)か、将来の固定金利での社債や借入れを金利スワップでヘッジする取引をも想定したものと考えられる[2]。ここでは、特に後者について考えてみたい。

将来の長期金利上昇リスクヘッジのためには、債券先物の売却が簡単では

---

[1] 会社法制定により2006年4月に一部改正されている。なお、( )内は筆者の注。

図表9－1　将来の固定利付負債の金利上昇リスクヘッジ金利スワップの仕組み

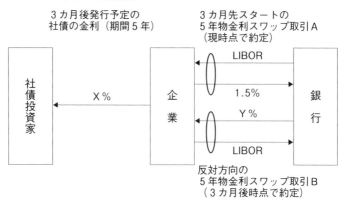

　あるが、通常の事業法人は行っておらず、金利スワップ取引が中心となっている。将来の固定利付負債に対してヘッジ取引として取り組まれる金利スワップは変動化スワップ（固定金利受取り、変動金利支払）と思われようが、実際には図表9－1のように先日付（負債発生予定日）でスタートする金利固定化スワップ（固定金利支払、変動金利受取り）をまず導入し、ヘッジ対象の固定利付負債の金利条件が決まったところでこのスワップ取引を解約するか、反対方向の変動化スワップを取り組むという取引である。そもそも、固定金利で発行しようという企業がスワップ取引によって金利を変動化する意義は少ないからである。

　まず、将来予定される固定利付負債の金利上昇リスクとは、固定利付負債の実施決定時点から固定利付負債金利決定時点までの金利変動リスク[3]といえる。ヘッジすべき対象金利は長期固定金利であるため、この金利変動リスクは、どちらかというとキャッシュフローの変動リスクというよりも負債の

2　会計実務指針に先立って公表された「金融商品に係る実務指針に関する論点整理」（1999年8月23日）105項③では、「予定取引が変動利付負債の発生の場合」には繰延損益を「独立科目で計上し、利息費用の発生に対応させる」としていた。実務指針ではこの「変動」という文字が削除され、固定利付債も対象と読めるようになったのである。

時価変動リスクといえる。また、固定利付負債の実施決定時点において将来の金利上昇リスクをヘッジするのだから、固定利付負債調達という予定取引のヘッジと考えられる。予定取引（固定金利負債）の公正価値ヘッジという点が本ケースの特徴である。

予定取引に関しては、「金融商品に関する会計基準」の（注12）および会計実務指針170項、327～332項において、「予定」の確実性に関してさまざまな要件が求められている。社債の発行に関しては、まさにヘッジすべき金利以外の取引条件（期間、金額等）もある程度は不確定といえるが、社内手続等の決定過程で合理的に予測は可能であり、本ケースでは実行されることが間違いないものとしよう。

(3) 先日付スワップ取引の実施と金利の変動

具体的な取引について考えよう（図表9－1）。当該企業が3カ月後に5年満期の社債を100億円発行する予定である。発行予定時に金利が上昇するリスクがあるため現在の金利水準で押さえたいという前提であった。この場合、現在時点で、社債の金利が決定されるであろう3カ月先にスタートする5年物金利スワップ取引[4]100億円（固定金利（たとえば、図表9－1では1.5%

---

[3] 類似した概念にパイプラインリスクがある。長期固定金利による資金調達と資金運用のタイミングのズレが生じる公的金融法人によくみられるリスクであり、以下のように定義されている。また、それぞれ金利スワップ取引によりヘッジされている（各法人のホームページ等を参照のこと）。

「住宅ローンの融資金利決定から資金調達までの期間に金利が変動することにより期間損益が変動するリスク」（独立行政法人住宅金融支援機構）、「資金調達（債券発行）から貸付けまでの期間における金利変動により調達金利と貸付利率の間に差が生じてしまうリスク」（地方共同法人地方公共団体金融機構）、「円借款は事業の進捗に応じて貸付実行されるものが大半であり、貸付金利の決定のタイミングと資金調達のタイミングにずれが生じるため、この期間の金利変動リスクを負っている」（独立行政法人国際協力機構）。

[4] なお、3カ月先日付スタート5年物金利スワップ取引ではなく、スポット（現時点）スタートの5年3カ月物金利スワップ取引でも可能である。そのほうが、支払固定金利が低くなることもある。しかし、ヘッジ対象債券の期間5年に合致しないことや、1回目の受取3カ月物LIBOR金利が契約翌営業日に確定して、その調整などが発生することを考慮する必要がある。

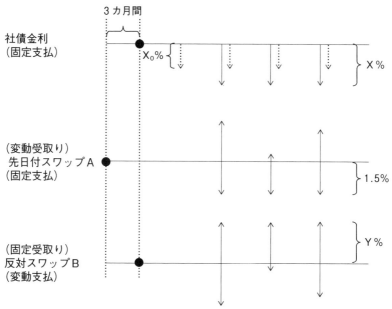

図表9−2　社債と金利スワップ取引のキャッシュフロー・イメージ

(注1)　●は、各キャッシュフローの条件決定時点を示す。
(注2)　2つのスワップAとBの変動金利同士は相殺され、固定金利の差である［$Y-1.5\%$］が正ならば、社債金利［$X-X_0$］％の上昇リスクをヘッジするのである。

が提示されているとする）支払、LIBOR受取り）を行う。この金利スワップ取引をAと名付けよう。

　もし、3カ月後に固定利付社債の発行条件（X）が、現在発行する場合の金利（X_0）よりも上昇していれば、当企業にとって不利といえるのだが、その時にスポット市場実勢の5年物スワップレート（Y）も1.5％より上昇している可能性が高い（図表9−2）。すなわち、当該金利スワップ取引Aの時価は上昇しているため、ヘッジ効果が認められるであろう。ヘッジ対象の社債金利リスクは［$(X-X_0)×5$年分］であるのに対して、ヘッジ手段の金利スワップ取引の効果は［$(Y-1.5\%)×5$年分］である。

　反対に発行条件（X）が（X_0）より低くなれば、社債発行自体がよくなる

のであるが、スワップレート（Y）が1.5％より下落するであろうから、金利スワップ取引Aの時価がマイナスになる。これは、ヘッジ取引としてはやむをえないことである。

ただし、この結果を避けるために、当初取り組む３カ月先スタートの５年物金利スワップ取引をオプション（金利スワップション）とすることも可能である（もちろん、プレミアムの支払は必要となる）。オプションであれば、ヘッジ手段である当該オプション取引がスタート予定時点でプラスになれば、本金利スワップ取引と同じ価値が発生し、損失を抱える場合は実施しなくてもよいからである。

なお、社債金利とスワップレートは金利体系が違う。社債は、当該企業の信用状態を社債投資家や格付け会社等による判断を背景とした金利が適用されるが、スワップレートは銀行間取引の金利スワップ市場と各企業に対する銀行等の信用判断に基づいたスプレッド等が適用されるからだ。このため、公正価値ヘッジの有効性判断のためには、ヘッジ対象である社債金額とヘッジ手段である金利スワップ取引Aの想定元本金額を同じにすることの是非を別途検討する必要がある（第２節のとおり）。

そして、３カ月後に、ヘッジ対象の固定利付負債の金利条件（X）が決まったところでこの（先日付）スワップ取引Aを解約するか、反対方向の変動化スワップ取引Bを取り組むのである。

(4) 手仕舞いによる繰延ヘッジ損益の確定

a 解約または反対取引による手仕舞いの意味

事前に結んだ先日付金利スワップ取引Aの３カ月後における時価評価額がまさに繰延ヘッジ損益であり、そこで発行される社債に係る利息費用の発生に対応するように各期の損益に配分することとなる。ただし、この時価評価額＝繰延ヘッジ損益をここで確定させなければならないので、当該スワップ取引Aを手仕舞う必要がある。すなわち、この先日付スワップAをここで解約するか、反対取引（逆スワップ）Bを新たに結ぶのである（図表９－１およ

び9-2)。さもなければ、固定金利負債と同じ金利リスクをもつ固定金利を支払い、そして変動金利LIBORを受け取るという金利スワップ取引A（それまでは先日付スワップとして意味があったのにもかかわらず）を残してしまい、ヘッジの意味がなくなるからである。

なお、3カ月後の金利が上昇した場合、解約によって得られる（金利が下落していれば支払う）清算金は、逆スワップBにより確定する将来キャッシュフロー（図表9-1では［Y-1.5％］を想定元本に掛けたものの5年分）の現在価値に等しくなる。したがって、解約の場合は、解約料キャッシュの受払いが一括で生じるため、支払う場合はその資金の用意と、社債の金利支払に按分する資金繰り管理が必要となる。ヘッジが成功して［Y-1.5％］が正ならば解約金がもらえるが、負ならば解約金を支払う必要がある。

b　ヘッジ会計適用の考え方

また、ヘッジ取引の効果が80～125％程度（会計実務指針156項）であるかを事前テスト・事後テストにより検証する必要がある。厳密に検証するためには、本来はヘッジ対象である社債とヘッジ手段である金利スワップ取引の想定元本ではなく、デュレーションを比較することが必要である。しかし、簡便的にヘッジ対象である社債金額とヘッジ手段である金利スワップ取引想定元本金額を同じとする[5]と、それぞれの期間も同じなので、当該企業の発行する社債の金利とスワップレートを比較検証することで対応できよう。たとえば、事後テストにおける社債金利は、残存期間5年の新発債が数多くあれば、その金利で、ない場合や少ない場合は市場で観察される当該企業発行の残存5年物社債の利回り（当該社債発行金利Xを含む）を用いることができるが、まったくない場合は類似業種や格付け等を参考にして合理的な範囲で推定することになろう。

ここで問題となりうるのは、先日付スワップ取引とその手仕舞い（解約または反対取引）という2つの取引を組み合わせてヘッジ手段ということがで

5　ヘッジ比率を考慮する場合は、次の第2節を参照のこと。

きるのかという点である。

　ちなみに、会計実務指針の設例20は、予定借入（金利支払は１回だけのもの）の期間と同期間のヘッジ手段であるFRAを事前に購入し、借入期間開始期日にLIBORが決定することによりFRAの時価が確定することを示しているものである（なお、確定した時価を借入期間の金利に配分する処理を行っている）。この設例を複数の支払回数をもつ固定金利負債に適用したものが本件の先日付固定支払スワップ取引Aとその手仕舞いにほかならない。先日付固定金利支払スワップ取引Aが設例20のFRAの事前取組みに相当し、先日付金利スワップ取引Aの手仕舞いが設例20のLIBOR決定に相当するものといえる。

　後者のLIBORの決定は、当事者の意思表示は不要だが、スワップ取引の手仕舞いには解約または新たな反対スワップ取引Bの締結という行為が必要である。しかし、先述したとおり、手仕舞わないと固定金利負債と同じリスクをもつ固定金利支払スワップ取引Aが残ってしまい、ヘッジの意味がなくなり、時価評価すべきである。したがって、先日付金利スワップ取引Aの手仕舞い（解約または反対取引B）に意思表示は必要であるが、その手仕舞い行為は先日付金利スワップ取引Aとセットされた全体のヘッジ手段に内包した部分的な行為と考えるべきものである。

　逆に、ヘッジが失敗、すなわち金利が下落して、先日付金利スワップ取引Aを手仕舞うと解約金や負の金利差でキャッシュフローの支払が発生することになり、損害が発生するケースでも手仕舞うべきだが、万が一これを手仕舞わないことになった場合は、当該先日付金利スワップ取引Aは厳しく時価評価すべきである。

　なお、会計Q&AのQ48では、変動金利借入を金利スワップ取引により固定化したもののその後の金利情勢変化によって再度変動化の金利スワップ取引を取り組むケースに関して、当初の金利スワップ取引の解約と同じであるためヘッジ会計の中止として処理するのを妥当としている。しかし、本件の解約または反対取引（逆スワップ取引）のオペレーションは、繰延ヘッジ損

益を確定するためにヘッジ取引当初より予定していたものであり、同様には適用できない。

(5) 繰延ヘッジ会計が認められない場合

本ケースのような例では、一般的にはヘッジ会計が認められているが、なお、万が一、本ヘッジ取引について繰延ヘッジ会計が認められず、全体としてヘッジ会計の中止（会計実務指針180項）として処理される場合においても、繰延ヘッジ損益を社債発行に係る利息費用の発生に対応するように各期の損益に配分することとなるため、事実上は繰延ヘッジ会計処理と同様の効果となる。

2 ヘッジ比率とヘッジ検証について―現在の会計実務指針への批判―

(1) 本ケースの場合のヘッジ比率

ここまでは、ヘッジ対象である社債金額とヘッジ手段である金利スワップ取引想定元本金額を同じとして考えてきた。しかし、社債金利とスワップレートは金利体系が違うため、一種のベーシス・リスクが発生することになる。前者は社債市場および当該企業に固有の金利であり、後者はマーケット全体（特に金融機関間の適用金利）のインデックスおよび当該企業の信用状況を反映したスプレッドが勘案されるはずだからである。

本ケースにおけるヘッジ比率の算出方法を考えてみよう。当該社債で残存期間5年物金利に関するデータが十分にある場合は、それら「社債金利の3カ月間の変動幅」と「3カ月先日付スタート・スワップレートと社債発行金利（X）決定時点（すなわち3カ月後）のスワップレートとの差」とを回帰分析して、適切なヘッジ比率6を算出することになる。ただし、これらの変動幅は、データの観測期間によって一定であることはないので、もし継続的に

ヘッジ取引を行うのであれば、定期的にヘッジ比率を見直す必要があろう。

(2) 会計実務指針におけるヘッジ検証の問題点と今後の方向

a 現行会計実務指針におけるヘッジ検証方法

先述したとおりヘッジ取引の効果について事前テスト・事後テストを実施する必要がある。その方法は、原則として、ヘッジ開始時から有効性判定時点までの期間においてヘッジ対象とヘッジ手段のそれぞれの変動累計額を比較することであり、その比率が80〜125％程度であれば有効であるとされている（会計実務指針156項）。なお、事前テストとしては、回帰分析の利用も可能とされている（同314項）が、事後テストには適さないものと考えて、比率分析しか認められていない（同323項）。

事後テストについて、会計Q&AのQ53には2つの方法が例示されている（図表9−3）。ヘッジ対象（たとえば、TIBOR）・ヘッジ手段（たとえば、LIBOR）双方について、初回とヘッジ認定時点までのキャッシュフローとの差額を累計し、比較するA法と、これらに契約満期時までの未経過の予定キャッシュフローを追加した累計額を比較するB法である。また、ほかにも合理的な変動累計方法であれば採用できるとされている。

A・B両方式ともに、図表9−3における「ヘッジ手段の変動差額累計②」÷「ヘッジ対象の変動差額累計①」が、80％と125％の間にあることを有効性判定としている。

b 現行方法の問題点

米国の会計基準であるFAS133では、高いヘッジ効果を求めてはいるものの、具体的な方法については何も定めておらず、企業や会計士の判断に委ねられている。米国でもこの比率分析は一般的に採用されており、Dollar Off-

---

6 ヘッジ比率算出法の典型例：最少分散ヘッジ比率 $= \rho \times \dfrac{\sigma_B}{\sigma_S}$

ただし、ρ：社債金利変動幅とスワップ金利変動幅の相関係数、σ_B：社債金利変動幅の標準偏差、σ_S：スワップ金利変動幅の標準偏差。たとえば、Hull（2014）57頁、後掲注8 Charnes他（2003）など。

図表9－3　会計実務指針におけるヘッジ有効性事後テスト方法

〈A方式〉
経過期間のキャッシュフロー総額の変動額を比較

〈B方式〉
ヘッジ期間全体のキャッシュフロー総額の変動額を比較

時点 n	TIBOR	LIBOR
1	T_1	L_1
2	T_2	L_2
・	未定	未定
m	未定	未定
上表計算	①：$T_1+T_2-T_1\times 2$	②：$L_1+L_2-L_1\times 2$
一般式	①：$\Sigma T_n-T_1\times n$	②：$\Sigma L_n-L_1\times n$

時点 n	TIBOR	LIBOR
1	T_1	L_1
2	T_2	L_2
・	未定	未定
m	未定	未定
上表計算	①：$T_1\times m -(T_1+T_2+T_2\times(m-2))$	②：$L_1\times m -(L_1+L_2+L_2\times(m-2))$
一般式	①：$T_1\times m -(\Sigma T_n+T_n\times(m-n))$	②：$L_1\times m -(\Sigma L_n+L_n\times(m-n))$

（注）　上表では、両方式ともに2時点までの金利キャッシュフローが確定している。一般式は、m時点まで契約が継続され、n時点までの金利キャッシュフローが確定していることを示す。
　　　有効性判定式：80％＜②÷①＜125％

set Ratio法といわれているが、欠陥が指摘されている。すなわち、ヘッジ行為に関して明らかにヘッジ効果がある場合でも、ヘッジ対象またはヘッジ手段の変化幅が小さいときには、その比率が極端に小さくなり[7]、80～125％テストには妥当しないと批判され、事後テストでも回帰分析の適用が推奨されているのである[8]。

　この批判は、わが国の累計額比率分析法にも当てはまる。ヘッジ対象また

---

[7]　たとえば、ヘッジ対象（有効判定式の分母）の金利が100から110に変動（変動幅10％）に対して、ヘッジ手段（分子）の金利が105から106に変動（変動幅1％）した場合、比率分析では10％（1÷10）となって80～125％テストには「合格」しないが、この結果は明らかに不合理である。

はヘッジ手段の変動累計額のいずれかが極端に小さい場合は、80〜125％テストには妥当しないことがあるからだ。実務指針323項には、このようなケースでは、有効性が事前に確認ずみであることを条件に、ヘッジ取引の有効性が持続しているものとしてヘッジ会計の適用を継続することができるとしている。しかし、そうであるならば、事後テストにおいても回帰分析等の合理的な手法を採用することを正面から可能とするような規定とすべきである。

c　IFRS等における見直し

　IFRS（国際会計基準）9号では、ヘッジの有効性評価の合理化が進められた。すなわち、ヘッジが将来に向かって行われ、リスク管理戦略と整合的で、ヘッジ関係が構造的に超過または下回ることが予想されないことが確認されれば、ヘッジ会計が適用され、ヘッジ有効性テストのための数値基準（たとえば、80〜125％）は定められないのである。ただし、非有効部分は純損益認識することが求められている。また、わが国でも見直し[9]が検討されており、事後の有効性をヘッジ会計の要件とせず、将来、有効性があると予想されるかどうかの定性的な判定のみを要件とし、定量的な有効性は、必要な場合を除いて算定しないこととする方向で検討されている。ただし、IFRS同様に非有効部分を損益認識すべく、分離を明確にする方向性も示されていることには注意が必要である。

---

[8]　たとえば、Charnes他（2003）。ほかに、ヘッジ対象とヘッジ手段の合算ポートフォリオのVaRを測定し、一定の信頼水準（95％等）におけるVaRの金額とヘッジ対象の公正価値またはキャッシュフロー総額と比較することにより、有効性を測定するVaR法がある（ISDA東京事務所「「金融商品会計に関する実務指針」「金融商品会計に関するQ&A」におけるヘッジ会計関連規定に関する要望」2009年5月7日）。

[9]　企業会計基準委員会「金融商品会計の見直しに関する論点の整理」（2009年5月29日）190項。ただし、本書執筆時点においては、その実施の是非および予定期日は不明である。

3 不動産開発事業への応用

前項までにみてきた将来の固定金利の上昇リスクをヘッジするというデリバティブ取引はほかにも応用されている。

以下では、特殊な事例ではあるが、不動産開発事業にデリバティブ取引を利用したケースを検証してみたい。

【ケース】10

ある駅前の再開発事業に巨額の資金が必要で、証券化スキームを利用することとなった。ただし、開発事業者である特別目的会社（SPC）による証券

図表9－4　本ケースの不動産開発スキーム・イメージ

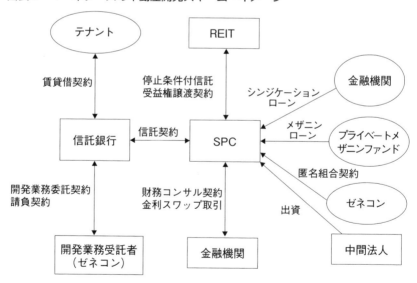

10　本ケースは、2004年12月6日付け野村證券Press Release および同日付け日経金融新聞を参考にしたが、それらにはデリバティブ取引の仕組みに関しては金利スワップ取引としか説明はなく、本項で記述した仕組みはあくまでも筆者が推定したものである。

化の資金調達は、着工時から竣工時までの3年間必要なもので、竣工時には当該ビル事業の信託受益権を不動産投資信託（REIT）に売却することで返済される（図表9－4）。

この信託受益権の価格は、当該ビルの不動産価格と連動するものであるため、SPCおよびそのエクイティ・ホルダーであるゼネコン等は、その間の不動産価格下落リスクを負いたくない。なお、竣工後に入居予定のテナントとは20年の長期固定賃料契約が可能であり、REITへの売却価格は竣工時の金利によって変動してもよいスキームが可能とされている。

このストラクチャーにおいて、どのようなデリバティブ取引が応用できるであろうか。

(1) 適用するデリバティブ取引の検討

開発事業者（SPC）は3年後にREITへビルの信託受益権を譲渡することになるが、そのときの不動産価格の値下がりリスクを避けたいというニーズがある。そうすると、3年後の不動産価格が下落していると資金を受け取り、上昇していると資金を支払うというヘッジ手法があればいいことになる。不動産価格をインデックスにするデリバティブ取引は、欧州等でみられるものの、取引高は低迷しており、流動性を確保するなどの観点からも、わが国ではいまのところむずかしい[11]。

また、当該ビルは、テナント入居予定者が20年固定賃料を払うことになっているので、「賃料20年分のキャッシュフロー＋α（20年後の売却価格－税金等）」の現在価値が不動産価格の主要部分を占めるといって良い。そうすると金利が上昇すると、現在価値を計算するのに必要なディスカウント・ファクターの数値が小さくなるので、不動産価格は下落するという関係が一般的となる（収益還元法）。

---

11 IPD（Investment Property Databank）のホームページなどを参照。また、どの地点のどのような種類の不動産をインデックスとするのか、そのインデックスごとの公正なデータをどうやって集めるのか等、むずかしい問題がある。

図表 9 − 5　本ケースのキャッシュフロー・イメージ

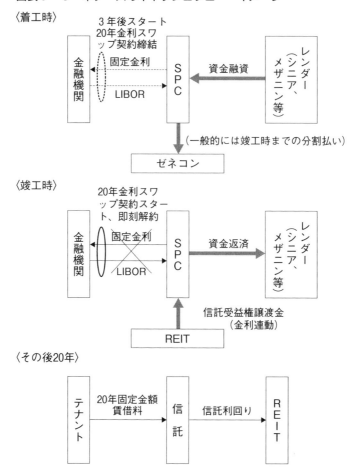

不動産価格 = Σ(賃料$_n$ + a) × df

（注）賃料$_n$は各年 n の賃料、aは売却価格等、dfはディスカウント・ファクター（割引金利の逆数）

　金融政策や景気動向から考えても、金利が上がることはインフレを抑制するということを示しており、すなわち不動産価格が下落するという方程式になるように、金利と不動産価格の関係は強いものと考えられる。ただし、不

動産価格は市場の需給関係が大きな影響を及ぼすので、一概にそうだとも言い切れないところがむずかしいところである。

本件では、REITへの不動産信託受益権売買価格を竣工時の金利によって変化させることが契約で定められているため、金利の上昇を不動産価格の下落とみなしてもよい。そこで、本件は、3年後の竣工時における金利（賃貸借契約にあわせて20年物金利が合理的である）の上昇リスクのヘッジを考えることになる。

将来の長期金利上昇リスクヘッジのためには、第1節でみてきたように、先日付スタートの金利スワップ取引（固定金利支払、LIBOR受取り）を行う。そして、先日付のスタート時点に至ると、このスワップ取引を解約するのである（キャッシュフロー等は図表9-5のとおり）。

本件に当てはめると、もし、3年後に実際に20年物金利が上昇していれば、REITへの不動産信託受益権売却価格が下落しているため[12]、開発事業者にとって不利になっているのだが、当該金利スワップ取引の時価は上昇している（反対に金利が下落すれば不動産価格すなわち信託受益権価格は上昇するが、金利スワップ取引の時価がマイナスになる）ため、当該先日付スタート金利スワップ取引とその解約の組合せがヘッジとなるのである。

(2) 会計処理

会計的には、事前に結んだ金利スワップ取引の3年後における時価評価額がまさに繰延ヘッジ損益になり、そこで売却される不動産信託受益権価格の損または益に充当させることになる。この時価評価額＝繰延ヘッジ損益をここで確定させなければならないので、当該スワップ取引を手仕舞う（反対スワップを組むのではなく、解約する。解約しなければ、固定金利負債と同じリスクをもつ固定金利支払スワップが残ってしまう）。本解約は、ヘッジ対象である不動産信託受益権も同時に売却してしまうため、実務指針170項における

---

[12] このような仕組みをREITとの売買契約に明記しておく必要がある。

「予定取引実行時の処理」または181項[13]における「ヘッジ会計の終了」に該当し、当期の損益として処理すればよい。

また、同様のことは、3年先スタートの20年金利スワップション取引（固定金利支払、LIBOR受取り）を買うことでも行うことができる。3年後に、金利が上昇していたらオプションを実行すると同時に、このスワップ取引を解約する（清算金がもらえる。金利が下落していたらオプションは実行しない）のである[14]。

(3) 本スキームのリスク

本件のスキームでは、REITとテナント入居予定者がリスクを負担することになる。

本件では、REITは不動産信託受益権を竣工時の「時価」で買い取ることにはなる。しかし、当該受益権価格が金利に完全に連動している契約となっているので、本来の市場売買価格とはズレが生じうる。一種のベーシス・リスクを負うことになりそうである。しかし、テナント入居予定者との賃貸借料が20年間固定金額であり、この現在価値が不動産信託受益権価格であると割り切ると、REITにとって本件は固定金利の債券投資と同じものになる。

したがって、REITは竣工後の貸料相場上昇リスクと将来の売却時価格下落リスク、およびテナント入居予定者の信用リスク（賃料が払えなくなった場合、新たな入居者が見つかるまでの賃料キャッシュフロー未収リスク）を負うことになる。

---

[13] 金融商品実務指針170項(1)「ヘッジ対象とされた予定取引が、売上や金利などの損益が直ちに発生するものである場合には、当該取引の実行時に繰延ヘッジ損益を当期の損益として処理する」。
　同181項「ヘッジ対象が消滅したとき又はヘッジ対象である予定取引が実行されないことが明らかになったときは、繰り延べられていたヘッジ手段に係る損益又は評価差額を当期の損益として処理しなければならない」。
[14] 本ケースの実際の取引は、3年後にスタートできる20年物金利スワップションの売り買いを組み合わせて（ゼロコストになったかどうかは不明）、実際に先日付スタート時点が来たときにイン・ザ・マネーになった（＝発効した）金利スワップ取引を即座に解約し、清算金額を授受したようである。

テナント入居予定者の賃借料が20年間固定金額であり安定的である半面、20年間、賃料相場が反映されないことになり、テナント入居予定者は賃料相場の値下りリスクを負う[15]。

---

[15] 本ケースでは、各報道によると実際には、竣工時から３年後にテナントが当該不動産信託受益権をREITから買い取ったようである。

第10章

包括的中長期為替予約の
有効性と会計制度批判

長期の輸入取引に対して長期の為替予約を一括で取り組んで円安リスクをヘッジすることにクーポンスワップ[1]が用いられている。これは、長期の輸入為替を一定金額にできるデリバティブ取引で、外国為替先渡契約のフォワード・ディスカウントを平準化しているためフラット為替とも呼ばれる。

　この取引に対しては、日本公認会計士協会より「包括的長期為替予約のヘッジ会計に関する監査上の留意点」（2003年2月18日付けリサーチ・センター審理情報No 19。以下、当該留意点という）が公表された[2]。その頭書によれば、1年以上の予定取引をヘッジ対象とし、長期の契約期間にわたり契約レートで月々一定額を交換する包括的な為替予約等は、契約期間前半に利益先出しとなる特性があるところから、この会計処理について契約どおりヘッジ会計を適用しても監査上問題がないかどうか、実務上、一部の監査上の判断に混乱がみられるため留意点を示したということである。多くの企業でこの「包括的長期為替予約」（いわゆるフラット為替）が取り組まれていたものの、ヘッジ会計の適用の是非に関して公認会計士の判断がまちまちであったことから、当該留意点の公表は評価に値する。

　しかし、当該留意点が保守的に解釈できることによって、健全なヘッジ取引をも投機的なデリバティブ取引と扱いかねない風潮が生じたことも事実であろう。また、実際に多くの企業[3]で、それまではヘッジ会計を適用していた包括的長期為替予約を時価会計処理に変更することを余儀なくされたため、特別損失を計上する等、混乱もみられた。

　本章[4]は、適切な目的で行われているフラット為替の取引内容を理論的に

1　ストライクレートを時系列的に一定にしたドルコール・オプション買いと、当該コール・オプションのストライクレートと同一にしたプット・オプション売りを組み合わせた取引もみられる。
2　2006年4月27日付けで、同様の内容のものが、日本公認会計士協会「金融商品会計に関するQ&A」にQ55-2として追加され、当該留意点は廃止された。
3　たとえば、青山商事「平成17年2月8日平成17年3月期の業績修正の可能性について」「平成17年5月6日業績予想の修正に関するお知らせ」参照。
4　なお、本章は、福島・髙木（2003）において主に筆者が担当した部分を大幅に加筆訂正したものである。

解説することによって「投機取引」という誤った見方を払拭しつつ、当該留意点の合理的な運用を期待するものである。

 フラット為替（包括的長期為替予約）とは

(1) クーポンスワップ

　企業の輸出入等経常取引の為替変動リスクをヘッジするために用いられるデリバティブ取引としては、為替先渡契約、すなわち為替予約[5]がよくみられる。それは、一般的には、個別輸出入契約に伴う資金決済にあわせて予約される取引である。

　以下では、複数の為替予約取引をまとめて行う包括的長期為替予約（またはフラット為替）をみていきたい。フラット為替は、クーポンスワップの一種で、元本交換のない金利部分のみの通貨スワップ取引として認識されることもある。まず、通貨スワップ取引とは、ある通貨のキャッシュフローを他の通貨のキャッシュフローに変換するものであり、たとえば、海外子会社にドル建てで融資する日本の親会社（円で資金調達している）が円・ドル通貨スワップ取引を行うケースなどにみられる。また、外債を発行したり、購入したりする場合にも利用されることが多い。

　そして、元本交換のない金利部分のみの通貨スワップ取引であるクーポンスワップは、1990年前後、デリバティブ組込みローンの代表選手的存在でもあったが、現在でもリバース・デュアル債などの発行サイドの仕組みとして利用されている（図表10－1）。これは、円建て債券を購入する国内投資家

5　為替予約取引（差金決済が想定されていないもの）は通貨の売買であり、金商法上のデリバティブ取引には該当しない（金商法2条22項）とされるが、ファイナンスにおいてはデリバティブ取引である。なお、為替先物取引は、定型化された商品の予約取引で、取引所で行われ、反対取引をして生じる損益だけを受け渡す差金決済にするものである。

図表10-1　リバース・デュアル債の仕組み

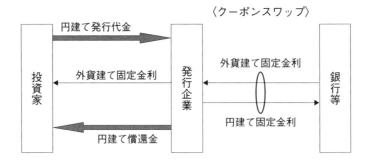

が、実勢の円金利と比較して高い利回りである外貨建てクーポンを享受するという有価証券で、そのかわりにクーポン部分の為替リスクを負うというものである。

ところで、クーポンスワップも通貨の異なるキャッシュフローの交換にすぎないので、金利と思おうが、複数の元本と考えようが当事者の自由であり、両方の契約が見受けられる。

(2) フラット為替の計算の仕組み

高金利通貨と低金利通貨の為替予約では、ディスカウント裁定が働き、たとえば長期の円・米ドル為替では、円高・ドル安になることが多い（以下では、米ドル金利が円金利よりも高いものと仮定して議論を進める）。為替の先渡期日が長期になればなるほど、金利の高いドルをより低い円貨額で購入することができるのである。

［為替予約の簡便計算式］
t 後のドル＝現在の円ドル為替レート×$(1+円金利_t)/(1+ドル金利_t)$

そこで、長期間の輸入取引に対して長期の複数の為替予約を一括で取り組んで円安リスクをヘッジすることにクーポンスワップが用いられるようにな

図表10−2　包括的長期為替予約キャッシュフローのイメージ図

〈通常の円ドル為替予約イメージ〉

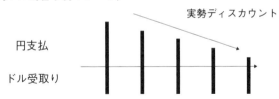

〈フラット型円ドル為替予約イメージ〉

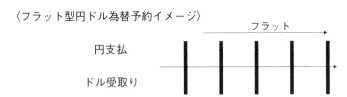

（注）　単純化していえば、上図実勢ディスカウントの円支払金額の平均値がフラット為替の円支払金額になる。

った。すなわち、支払と受取り双方の複数キャッシュフローの現在価値が等しくなるような同一の契約レートを設定するのである（図表10−2）。

　そうすると長期の輸入予約、すなわち包括的長期為替予約が一定金額の円貨額の支払で可能となる。為替のフォワード・ディスカウントを平準化しているためフラット為替とも呼ばれるゆえんである（たとえば、スポットレートが120円のとき5年契約で毎月1ドル110円を受払いするという取引）。

 「当該留意点」およびQ55−2による会計処理の方法

(1)　予定取引の発生可能性

　このようなデリバティブ取引についてヘッジ会計の適用が可能であるのかが、本章の論点である。

将来発生する予定取引がヘッジ対象と考えることが可能かどうかの判断基準を示している会計実務指針162項では、「契約は成立していないが、取引予定時期、取引予定物件、取引予定量、取引予定価格等の主要な取引条件が合理的に予測可能であり、かつ、それが実行される可能性が極めて高い取引」に該当するか否かを判断し、特に予定取引発生までの期間が1年以上の場合、他の要素を十分吟味する必要があるとされている。

　これに対して、当該留意点および会計Q&AのQ55－2では、「過去の取引実績等から考えて長期的に輸入予定取引が発生し得る場合においても、1年以上の予定取引については、ヘッジ対象となり得るかどうかについて、監査上慎重に判断することが望まれる。1年以上の予定取引については、輸入見合いの長期の円建売契約がある場合を除き、原則として会計処理上は投機目的と考える必要がある」と、より保守的な判断を示している。投機目的と判断した場合は、ヘッジ手段と考えられていたデリバティブ取引契約（フラット為替）の時価評価差額は、毎期の損益に計上することとなる。

(2)　「例外的」にヘッジ会計が認められる要件

　しかしながら、当該留意点およびQ55－2では、1年以上の予定取引について、すべてを「投機目的」としているわけではなく、以下の2つのいずれかの要件を満たす場合は、例外的にヘッジ会計が妥当と認められる場合もあるとしている。

① 　為替相場の合理的な予測に基づく売上げと輸入（輸入品目を特定する必要がある）に係る合理的な経営計画（通常3年程度）があり、かつ、損失が予想されない場合。
② 　輸入予定取引に対応する円建て売上げに係る解約不能の契約があり、かつ、損失とならない場合。

　なお、ここでいう「損失が予想されない場合」や「損失とならない場合」とは、取り組まれたフラット為替により費用を確定した結果、損失が確定した場合には、直ちにすべての期間の損失を認識すべき、ということであろ

う。実際の商取引上、そのようなケースはほとんどないと思われる。

　ここで、①の「経営計画」について考えてみたい。

　まず、当該留意点では「経営計画（通常3年程度）」となっており、経営計画があったとしても3年以上はすべて「投機的」と判断されるかのようにも読める。しかしながら、会計実務指針162項では、予定取引の取引条件が合理的に予測可能で、かつ、実行される可能性がきわめて高い取引であるかを判断する必要があり、特に予定取引発生までの期間が1年以上の場合には、他の要素を十分吟味する必要があるとしているのである。したがって、当該留意点およびQ55－2において、3年以上のヘッジ取引のほぼすべてを画一的に「投機的」と判断すべき、としているとすれば、その取扱いは会計実務指針に示される取扱いを逸脱しているといわざるをえず、ここでは単に例示したものと考えたい[6]。

　通常、経営計画は長くても3～5年程度であり、たとえば10年にわたるものはつくられないだろう。したがって、厳密に当該留意点をこのケースに適用すると、10年にわたる為替予約はすべて「投機的」という判断が下されることになろう。

　しかし、国内販売価格に為替変動リスクを転嫁しにくい物品を輸入している企業にとっては、10年であってもフラット為替契約によって為替リスクをヘッジしたほうが、会社の事業リスクを抑制することができる。これまで何度も確認したように、このようなヘッジ行為が企業価値を向上させることになるのである。

　したがって、ここでは、経営計画と同価値の見通しがあること、すなわち、当該会社が10年後も当該物品・サービスを輸入することが確実視され、当該輸入外貨代金の見込額とフラット為替の受取外貨金額とのヘッジ比率が妥当であることが合理的に予測でき、それが高度な経営判断として社内的にも認められていることが、文書で確認できること、たとえばフラット為替予

---

[6] 2006年、会計Q&AにQ55－2として追加されたときも、会計実務指針の該当部分は改正されていない。

約に取り組む際の内部決裁資料等で確認できることが要件として求められるものと解すべきであろう。たとえば、日本では産出されない農産物を輸入しており、その輸入量に対するフラット為替契約金額が適切であり、また、その販売価格（円建て）に対して為替変動リスクを転嫁しにくいといった状況が認められ、それが社内決裁を経た文書で確認できるということである。また、このような手続の社内制度化とその遵守は、内部統制システムの観点からも望ましいことはいうまでもない。

そして、ヘッジ会計が妥当であると認められれば、ヘッジ手段となるフラット為替部分について、ヘッジ手段に係る損益または評価差額に税効果会計を適用し、繰延税金資産または繰延税金負債を計上したうえで、これを控除した金額を純資産の部に繰延ヘッジ損益として計上、繰り延べることになる7。

(3) 現行の振当処理の適用の可否

なお、当該留意点およびQ55-2によると、フラット為替がヘッジ手段として認められても、振当処理を行った場合との差異の重要性が乏しい場合を除き、通常、振当処理の対象とはならないとされている。そして、ヘッジ手段であるフラット為替の契約レートを契約締結時の理論先物相場に引き直して繰延ヘッジ損益（税効果会計適用後）を計上、繰り延べるといった、大変面倒な処理が要請されている。なお、IFRSでは振当処理のような簡便法の定めはないため、原則的なヘッジ会計の処理を行う必要がある。

振当処理の対象とならない理由としては、「このような同一の契約レートの包括的な長期為替予約では、契約時と満期時の元本の交換もなく、また、為替予約と同等とも認められない」ことがあげられている。

たしかに、外貨建取引等の会計処理に関する実務指針6項では振当処理が認められる通貨スワップは、当初交換元本と最終交換元本が同じである直先

---

7 会計Q&AのQ55-2および会計実務指針169～171項。

フラット型または金利部分と最終元本が実勢フォワードレートになっている為替予約型に限定されている。そうでなければ、相対取引で契約条件を契約当事者の合意により調整できるからだとされているが、それは最終支払円元本を減少（または増加）させて期中の支払円金利を増やす（または減らす）、すなわち費用項目を増やし（または減らし）、節税効果（または益出し）をねらう操作だと推測されるからだろう。しかし、期中の予約レートがすべて等しい単純なキャッシュフローをつくるだけのフラット為替ではそのような操作はできない。フラット為替についても実勢レートというものが存在する。フラット為替は、実態は複数の為替予約の集合体にすぎないものであり、全体の契約価値は為替予約と同等のものである。

　また、外貨建取引等の会計処理に関する実務指針において想定している通貨スワップは、社債等のキャッシュフローをヘッジするために利用される元本交換のある通貨スワップ取引であり、元本交換のないフラット為替取引はそもそも想定していなかったものと思われる。

　ヘッジ会計の要件を満たす為替予約等の会計処理方法には、①期末に時価評価を行う方法と、②振当処理の2つの方法があって、選択適用が認められており（外貨建取引等の会計処理に関する実務指針50項）、フラット為替取引においてもその適用は認められるべきと考える。

　ちなみに、フラット為替に振当処理の適用を慎重に行うべき理由としては、当該留意点やQ55－2のように「同一の契約レートの包括的な長期為替予約では、契約時と満期時の元本の交換もなく、また、為替予約と同等とも認められない」というよりも、「振当処理は、一般的には金銭債権債務に対する通貨スワップのようにヘッジ取引としての金額認定が明確であるケースを想定しているところ、これに対してフラット為替はヘッジ会計の認定を慎重に行う必要があるためである」とストレートに表現したほうが論理的であると考えられる。

　なお、振当処理をした場合でも、予定取引がヘッジ対象の場合は、予定取引が認識されるまで、評価差額に税効果会計を適用し、繰延税金資産または

繰延税金負債を計上したうえで、これを控除した金額を純資産の部に繰延ヘッジ損益として計上し繰り延べる（外貨建取引等の会計処理に関する実務指針4項）。したがって、振当処理は、繰延ヘッジ処理と比較すると、期末評価時点においてヘッジ対象取引のうち、実際に約定されてしまい予定取引ではなくなった部分について純資産の部で評価差額を認識しないという点だけが違うことになる。

3 フラット為替のヘッジ会計処理に否定的な見解に対する批判

そもそも、2003年に当該留意点が公表されたのは、フラット為替に関してヘッジ会計を適用することに一部の監査上の判断に混乱がみられたことによるものであった。その背景には、以下のような論点、考え方があるものと思われる。しかし、これらの見解には「誤解」に基づくと思われるものもあることから、払拭に努めるべく冷静かつ理論的に批判していきたい。

> ① フラット為替は、為替相場の変動がほとんどなければ、契約期間前半の交換により、残りの契約期間の時価評価による含み損は増大していくという「利益先取商品」であり、ヘッジ手段としてふさわしいものではない。

前提条件として「為替相場の変動がほとんどなければ」とあるが、この論旨の意図するところを正確にいえば、「将来の為替相場等が、契約時の金利等金融指標から計算される先物価格どおりに動いたならば」ということになろう。なお、後半「契約期間の時価評価による含み損は増大していく」と考えられているようだが、相場が変動すれば、その方向（円安外貨高、円金利上昇、外貨金利下落の方向）によっては時価評価が含み益になることすらある。ある時点での実勢先物予約とその後の実際の円ドルスポット為替レート

の推移を比較すると何の相関性もない[8]ことは、市場参加者ならずとも周知のところであろう。

「為替相場の変動がなければ」という現実的でないことを前提にして「利益先取商品」と決めつけるのはいかがなものであろうか。逆に、このように変動の大きな為替相場リスクを一定の金額でヘッジするという効果を評価すべきであろう。

さて、今度は金利スワップ取引の例から、この考え方を検討してみよう。満期保有目的の変動利付債券を購入した企業が、金利スワップ取引により固定金利に変換したケースである。順イールド（短期金利が低く、長期金利が高い状況）の場合であると、この企業は単純に受取金利が増大する。また、この金利スワップ取引は金利変動が契約時の先物金利カーブどおりに動いたならば後半期間の時価評価による含み損は増大していく「利益先取商品」でもある。しかし、このケースでは、金利スワップ取引の特例処理[9]は適用されるはずである。

また、別の例をあげてみよう。1990年代前半、わが国では短期金利が長期金利よりも高い「逆イールド」の状況がしばらく続いたが、このときに変動金利借入を金利スワップ取引で固定金利に変換するとやはり支払金利が削減（金利スワップ取引では受取り超になる）され、かつ金利変動が契約時の先物金利カーブどおりに動いたならば後半期間の時価評価による含み損は増大していく「利益先取商品」でもある。しかしながらやはり、このケースでも、金利スワップ取引の特例処理は適用されるはずである。

このようにフラット為替や金利スワップ取引などのデリバティブ取引を活用すると、企業活動で発生する必要なキャッシュフローが相場変動の影響を

---

[8] 筆者は、1993年3月に将来10年間にわたって各年度末での実勢先物予約を組んだもの、および1998年3月に将来5年間にわたって各年度末での実勢先物予約を組んだものとその後の実際の円ドルスポット為替レートの推移を比較したことがあるが、ほとんど相関性はなかった（前者の相関係数（補正R^2）は、0.165、後者は−0.238）。（福島・高木 2003）

[9] 会計実務指針177～179項。

受けなくなるというヘッジ効果があるだけではなく、その時々のマーケット構造によっては、取引当初において利益を生み出すケースもある。その結果、当初に支払負担の生じるヘッジ手段と比べて、取り組みやすいというのは事実であるが、取引後半に時価評価が含み損となるかどうかはわからないし、そもそも、それはキャッシュフローの安定化を目的としたヘッジ取引であるため考える必要はないものといえよう。

　ヘッジ手段は、先に損失を出すものであって、当初から利益を生むものはけしからぬというのは、あまりにもストイックな精神主義といわざるをえない。

> ②　（図表10-2のとおり）フラット為替は、実勢ディスカウントの円支払額を一定金額に利益調整したものであり、個別予約と同じく実勢ディスカウント・レートを適用して引き直すべきである。

　先述したようにQ55-2は、このような煩雑な処理を求めている。ここで、また金利スワップ取引の例をあげて、この考え方を検討してみよう。金利スワップ取引は、通常、LIBOR等の変動金利と固定金利を一定の期間交換するものであるが、単純にいうと、その固定金利は、契約時における将来

図表10-3　通常の金利スワップ取引キャッシュフローのイメージ

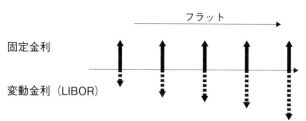

（注）　この図の変動金利は契約時における先物金利カーブを示しているだけで、将来このように確定するとは限らない。ただし、別途、個別の金利を契約時にこのように予約する取引も可能である（固定金利がステップアップしていくイメージになる）。

の各LIBOR先物価格の平均をとったものといえる。また、個別に各LIBORを先物価格（図表10－3の変動金利のイメージ）どおりに予約することもできる（ステップアップ型金利スワップ取引や金利先物取引）。

　金利スワップ取引もフラット為替もキャッシュフローの変換にすぎない。長期の金利スワップ取引における一定の固定金利を変動金利LIBORの契約時の先物価格に引き直して処理する人はいないであろう。フラット為替も同様と考えられる。

---

　③　予定取引の期間が10年のヘッジ手段は通常投機目的である。

　あまりにも長い期間は、ヘッジ会計の適用を慎重に判断すべき要件であるが、上述第2節(2)項のとおり、当該会社が10年後も当然にして当該物品・サービスを輸入することが確実視され、当該輸入外貨代金の見込額とフラット為替の受取外貨金額とのヘッジ比率が妥当なものであること等が手続で担保され、検証可能であるならば、ヘッジ取引と認めるべきであろう[10]。これは会計実務指針にも沿った処理である。

　昨今では、10年超のデリバティブ仕組事業債も数多く発行されており、当該発行体サイドではオプション等のデリバティブ取引が取り組まれているものの、これらは金利スワップ取引の特例処理の対象になっている。一概に同じくは論じられないが、予定取引の確度は相対的なものと考え、そのような観点で検討することが必要であろう。

10　たとえば、前掲注3の青山商事では、2002年以降に締結した10～12年の包括的長期為替予約の金額は各年仕入れ総額の2割に満たず、当該留意点が2003年2月に公開されてからも、しばらくはヘッジ会計が認められていた。しかし、監査法人の見解変更によって2005年3月期より時価会計を適用し、当時の繰延べ損を一括で計上するに至ったのである。

> ④ ヘッジ対象のキャッシュフローは、個々別々の輸入契約であり、金利スワップの対象となる借入れや通貨スワップの対象となる外債等の1つの確定契約における（想定）元本から発生するものとは違う。したがって、③のとおり実行可能性に恣意性の余地が大きく残る。

　形体面を重視する立場としては、そのとおりであろう。しかし、予定取引の判断基準を示す会計実務指針162項では「契約は成立していない」ことを前提にしている。また、短期借入をロールオーバーすることで実質的に長期の借入れとする場合に、長期の金利スワップ取引で包括的にヘッジすることに対してはヘッジ会計が認められているのである[11]。

　結局は、相対的な立場の違いとしかいえないのかもしれないが、上述してきたとおり、各企業の実態を具体的に考えて、長期にわたって一定の輸入取引が確実に見込める場合は、一定の手続にのっとってヘッジ会計を認めることが望まれよう。

4　まとめ

　フラット為替の会計処理については、当該留意点やQ55－2を参考にしながらも画一的に投機的と決めつけることなく、企業価値向上の観点からリスクヘッジとして有効なものであり、会計実務指針のヘッジ要件を満たすものであれば、ヘッジ会計を認めるべきと考える。振当処理とされなくとも、ヘッジ手段の評価損益が繰延ヘッジ損益として計上されるため、会計的にも把握・管理され、投資家に不測の損害を与えることがないことも、この意見をサポートするであろう。

---

[11] 会計Q&AのQ55。ただし、金利スワップの特例処理（会計実務指針178項）の対象にはならない。

フラット為替のヘッジ会計処理方法が混乱した根本的な理由は、それが「利益の先取りになるからけしからん」というあまり理論的でないステレオ的な決めつけが与えた影響が大きいように思われる。「金融商品に関する会計基準」では、予定取引であっても、主要な取引条件が合理的に予測可能であり、かつ、それが実行される可能性がきわめて高い取引であればヘッジ対象となることが明確に示されている。いたずらに保守的な処理を強制することは、企業の自由なリスクヘッジ活動を阻害することにもつながり、かえって企業価値向上を妨げる原因にもなろう。また、長期にわたる時価会計による損益の振れが、投資家の企業価値判断に誤謬を招く可能性もある。

　なお、高金利通貨の為替予約のように、先日付になるほど価格が安くなる（先物価格が直物価格を下回る）状態は、バックワーデーション（backwardation）[12]と呼ばれ、一般的に、原油等の商品取引や傭船料（フレート、freight）のデリバティブ指標でみられる。これらのデリバティブ取引の市場拡大、そしてヘッジとして利用することが、企業価値の安定および向上にとって大変重要であり、保守的すぎる会計処理が障害にならないように注意する必要があろう。

12　逆に、先物価格が直物価格を上回る状態はコンタンゴ（con tango）と呼ばれる。

参考文献

浅野幸弘「ROE、EVAと企業評価」『現代ファイナンス5号』1999.3

伊藤眞「予定外貨建輸入債務をヘッジ対象とする包括的長期為替予約又はクーポン・スワップに関するヘッジ会計の妥当性及び会計処理」『三田商学研究』47巻1号、2004.4

伊藤眞『公正価値測定とオフバランス化』中央経済社、2013年

岩原紳作「大和銀行代表訴訟事件一審判決と代表訴訟制度改正問題（上）・（下）」『商事法務』1576・1577号、2000.11.5-15

大久保豊編著『アーニング・アット・リスク—バンキング勘定のALM』金融財政事情研究会、1997年

刈屋武昭編著『リスクの経営シリーズ　天候リスクの戦略的経営—EaRとリスクスワップ—』朝倉書店、2005年

神田秀樹・神作裕之・みずほフィナンシャルグループ『金融法講義』岩波書店、2013年

企業会計審議会内部統制部会「財務報告に係る内部統制の評価および監査の基準案」平成17年12月8日、2005.12

櫻井通晴編著『企業価値を創造する3つのツールEVA®・ABC・BSC』中央経済社、2002年

佐藤司『企業ALMの理論と実務—金利・為替リスクのヘッジとデリバティブの活用』金融財政事情研究会、2007年

白川俊介「最終段階に入ったバーゼル委員会のBIS規制見直し協議」『金融庁・アクセス』12号、2003.11.21

白木豊・加藤直樹「EVA™モデルの考え方と日本企業への適用」『証券アナリストジャーナル』1997.11

杉本浩一・福島良治・若林公子『スワップ取引のすべて・第4版』金融財政事情研究会、2011年

スチュワートⅢ、G.ベネット『EVA創造の経営』東洋経済新報社、1998年

首籐惠・早稲田大学大学院ファイナンス研究科『金融サービスのイノベーションと倫理—金融業の規律ある競争』中央経済社、2011年

芹田敏夫・花枝英樹「日本企業の財務リスク・マネジメント：サーベイ調査に基づく実証研究」2013年度日本ファイナンス学会第21回大会報告書、2013.4

田中正継「日本のコーポレート・ガバナンス—構造分析の観点から—」『経済分析政策研究の視点シリーズ12』1998.3

津森信也・大石正明他『経営のためのトータルリスク管理』中央経済社、2005年

富田亜紀「日本企業における為替換算調整勘定への対応—IFRS／包括利益導入に向けて—」Mizuho Industry Focus vol. 93、2011.2.8

新村直弘・北方宏之・濱宏章・佐藤隆一『コモディティ・デリバティブのすべて』金融財政事情研究会、2009年
Bacidore, Jeffrey M. 他「REVA～最良の企業業績評価基準を求めて」『証券アナリストジャーナル』1997.11
花枝英樹「なぜ企業は財務リスク管理を行うのか」『一橋論叢』1996.5
花枝英樹「事業会社の財務リスク管理政策」『一橋論叢』1997.11
花枝英樹『戦略的企業財務論』東洋経済新報社、2002年
馬場直彦「リスク管理に関する経済学的考察―理論的・実証的サーベイ―」『金融研究』2001.12
福嶋和子「日本株式のリスクプレミアムとグローバル化の進展」『証券アナリストジャーナル』2003.5
福島良治「デリバティブ取引の実務から見た金融商品会計実務指針について」『企業会計』52号、2000.12
福島良治「デリバティブ取引における金融商品販売法の実務対応」『金融法務事情』1612号・1627号、2001.6.5、2001.11.25
福島良治「天候デリバティブ取引における法務・会計の論点整理」『損保研究』2002.5
福島良治・高木宏「包括的長期為替予約（いわゆるフラット為替）のヘッジ会計および税務処理について」『企業会計』55号、2003.7
福島良治「デリバティブ取引はROE・EVAの安定に貢献する」『週刊金融財政事情』2003.9.15
福島良治「デリバティブによるリスクヘッジは自己資本剰余・企業価値向上につながる」『週刊金融財政事情』2005.10.31
福島良治「資金運用を目的としたデリバティブ取引に関する会社の内部統制―運用失敗による株主代表訴訟事例を参考に」『金融法務事情』1763号、2006.2.25
福島良治『デリバティブ取引の法務と会計・リスク管理・第2版』金融財政事情研究会、2008年
福島良治「プロ投資家にはどこまでデリバティブ取引を説明すべきか」『週刊金融財政事情』2009.10.5
福島良治「デリバティブ取引と企業価値―企業は、なぜ、そしてどのようにリスクヘッジすべきなのか―」『証券アナリストジャーナル』2010.2
宮永雅好「わが国株式投資の活性化に向けた「株主資本コスト」の活用について」『証券アナリストジャーナル』2012.10
宗國修治「定量的事業リスクマネジメント―事業会社へのEarnings-at-Risk手法の導入とその応用」『証券アナリストジャーナル』2008.4
茂木哲也「「金融商品会計に関するQ&A」の重要ポイント」『企業会計』52号、2000.12

安田行宏・柳瀬典由「ヘッジ目的のデリバティブ利用と資本構成の関係についての分析」『東京経大学会誌（経済学）』271号、2011.11

柳良平「Equity Spreadの開示と対話の提言―東証の「企業価値向上表彰」創設に際して」『企業会計』65号、2013.1

柳瀬典由「わが国企業のデリバティブ利用とヘッジ行動」『証券アナリストジャーナル』2011.2

吉藤茂「EaRモデルと拡張VaRモデル」『金融研究』1997.9

Adam, Tim R. and Chitru S. Fernando, "Hedging, speculation, and shareholder value," *Journal of Financial Economics*, 2006, Vol. 81, 283-309.

Allayannis, George and James P. Weston, "The use of foreign currency derivatives and firm market value," *Review of Financial Studies*, Spring 2001, Vol. 14, No. 1, 243-276.

Aslund, Anders, "Uncover the Value Driver of Your Hedging Strategies," The Euromoney Foreign Exchange & Treasury Management Handbook 2007, April.

Bartram, Söhnke M., Gregory W. Brown and Frank R. Fehle, "International Evidence on Financial Derivatives Usage," July 2003. Working paper. Kenan-Flagler Business School, University of North Carolina at Chapel Hill, NC.

Bartram, Söhnke M., Gregory W. Brown and Jennifer S. Conrad, "The Effects of Derivatives on Firm Risk and Value", *Journal of Financial and Quantitative Analysis*, Aug. 2011, Vol. 46, No. 4, 967-999.

Basel Committee on Banking Supervision, "Modifications to the capital treatment for expected and unexpected credit losses in the New Basel Accord," 30 January 2004.（「期待信用損失と非期待信用損失にかかる自己資本規制上の取扱いの修正」バーゼル銀行監督委員会（日本銀行仮訳））

Bessembinder, Hendrik, "Forward Contracts and Firm Value: Investment Incentive and Contracting Effects," *Journal of Financial and Quantitative Analysis*, December 1991, Vol. 26, No. 4, 519-532.

Brown, Gregory, "Managing foreign exchange risk with derivatives," *Journal of Financial Economics*, 2001, Vol. 60, No. 2-3, 401-448.

Campello, Murillo, Chen Lin, Yue Ma and Hong Zou, "The Real and Financial Implications of Corporate Hedging", *Journal of Finance*, Oct. 2011, Vol. 66, No. 5, 1615-1647.

Carter, David A, Daniel Rogers and Betty Simkins, "Does Hedging Affect Firm Value? Evidence from the US Airline Industry," *Financial Management*, Spring 2006, Vol. 35, 53-86.（要約として、同著者の "Hedging and Value in the U.S. Airline Industry," *Journal of Applied Corporate Finance*, Fall 2006, Vol. 18 November 4, 21-33.）

Chambers, Dennis, Thomas J. Linsmeier, Catherine Shakespeare, Theodore Sougiannis, "An evaluation of SFAS No. 130 comprehensive income disclosures," *Review of Accounting Studies*, Dec. 2007, Vol. 12-4, 557-593.

Charnes, John M., Henk Berkman and Paul Koch, "Measuring Hedge Effectiveness for FAS 133 Compliance," *Journal of Applied Corporate Finance*, Fall 2003, Vol. 15 (4), 95-103.

Cobbs, Richard and Alex Wolf, "Jet Fuel Hedging Strategies: Options Available for Airlines and a Survey of Industry Practices," Finance 467-Spring 2004, Kellogg School of Management Northwestern University research paper.

Culp, Christopher L, "Risk Transfer-Derivatives in Theory and Practice," John Wiley & Sons, Inc. 2004.

Culp, Christopher L, "The Risk Management Process-Business Strategy and Tactics," John Wiley & Sons, Inc. 2001.

DeMarzo, Peter M. and Darrell Duffie, "Corporate Incentives for Hedging and Hedge Accounting," *Review of Financial Studies*, Fall 1995, Vol. 8. No. 3, 743-771.

Desai, Mihir A., "Foreign Exchange Hedging Strategies at General Motors," Harvard Business School case 9-204-024, March 11, 2004.

Froot, Kenneth, D. Scharfstein and J. Stein, "Risk management: Coordinating corporate investment and financing policies," *Journal of Finance*, December 1993, Vol. 48, No. 5, 1624-1658.

Geczy, Christopher, Bernadette A. Minton and Catherine Schrand, "Why Firms Use Currency Derivatives," *Journal of Finance*, September 1997, Vol. 52, No. 4, 1323-1354.

Graham, John R. and Daniel A. Rogers, "Do firms hedge in response to tax incentives?," *Journal of Finance*, April 2002, Vol. 57, No. 2, 815-839.

Guay, Wayne and S. P. Kothari, "How much do firms hedge with derivatives?," *Journal of Financial Economics*, 2003, Vol. 70, 423-461.

Heaney, Richard, Chitoshi Koga, Barry Oliver and Alfred Tran, "The size effect and derivative usage in Japan," 1999 Working Paper. The Australian National University.

Hull, John. C., *OPTIONS, FUTURES, & OTHER DERIVATIVES*, Ninth Edition. 2014, Prentice-Hall. PERSON EDUCATION INTERNATIONAL.

Jensen, Michael and William Meckling, "Theory of the firm: Managerial behavior, agency costs, and ownership structure," *Journal of Financial Economics*, 1976, Vol. 4, 305-360.

Leland, Hayne E., "Agency costs, risk management and capital structure," *Journal of Finance, 1998, Vol. 53, No. 4, 1213-1243.

Lookman, Aziz A., "Bank Borrowing and Corporate Risk Management," 2005 Working Paper. Carnegie Mellon University.

Lookman, Aziz A., "Does hedging really increase firm value? Evidence from oil and gas producing firms," 2004 Working Paper. Carnegie Mellon University.

Markowitz, Harry M., "Portfolio Selection," *Journal of Finance*, March 1952, Vol. 7, 77-91.

Merton, Robert C., "You Have More Capital than You Think," *Harvard Business Review*, November 2005, 84-94.(「事業運営にもデリバティブを応用せよ」Diamond ハーバードビジネス2006年4月(村井章子訳))

Meulbroek, Lisa, "Risk Management at Apache," Harvard Business School case 9-201-113, August 2001.

Mian, Shehzad, "Evidence on Corporate Hedging Policy", *Journal of Financial and Quantitative Analysis*, 1996, Vol. 31, No. 3, 419-439.

Minton, Bernadette A. and Schrand, Catherine, "The Impact of cash flow volatility on discretionary investment and the costs of debt and equity financing," *Journal of Financial Economics*, 1999, Vol. 54, 423-463.

Modigliani, Franco and Merton Miller, "Corporate Income Taxes and the Cost of Capital: A Correction," *American Economic Review*, 1963, Vol. 53, 433-443.

Modigliani, Franco and Merton Miller, "The cost of capital, corporation finance and the theory of investment," *American Economic Review*, 1958, Vol. 48, 267-297.

Myers, Stewart C., "Determinants of corporate borrowing," *Journal of Financial Economics*, 1977, Vol. 5, 147-175.

Myers, Stewart C. and Nichols S. Majluf, "Corporate financing and investment decisions when firms have information that investors do not have," *Journal of Financial Economics*, 1984, Vol. 13, 187-221.

Nance, Deana, Clifford Smith and Charles Smithson, "On the Determinants of Corporate Hedging," *Journal of Finance*, 1993, Vol. 48, No. 1, 267-284.

Petersen, Mitchell A and S. Ramu Thiagarajan, "Risk Measurement and Hedging: With and Without Derivatives," *Financial Management*, Winter 2000, Vol. 29, No. 4, 5-30.

Polzin, Hans-Werner, "Lufthansa's approach to manage the Oil Price Volatility," *Worldbank Forum "Oil Price Volatility, Economic Impacts and Financial Management,"* March 2008.

Smith, Clifford and Rene Stulz, "The determinants of a firm's hedging policies," *Journal of Financial and Quantitative Analysis*, December 1985, Vol. 20, No. 4,

391-405.

Stulz, Rene, "Rethinking risk management," *Journal of Applied Corporate Finance*, 1996, Vol. 9, No. 3, 8-24.

Tufano, Peter, "Who Manages Risk? An Empirical Examination of Risk Management Practices in the Gold Mining Industry," *Journal of Finance*, September 1996, Vol. 51, No. 4, 1097-1137.

事項索引

英字

ALM……………………15、21
ALMシナリオ分析……………17
ATM………………………12
CAPM………………………61
CB…………………………126
CDS…………………………126
CMS……………………19、23
COSO………………………171
CVA…………………………145
DVA…………………………146
EaR…………………………75
Equity Spread………………59
EVA…………………………57
Full Two Way方式……………148
IFRS……………………103、201
ISDA………………………144
ITM…………………………12
LIBOR………………………6
Limited Two Way方式………148
MM理論……………………28
NPV…………………………35
OCI…………………………95
OTM…………………………12
ROE……………56、58、104
Sensitivity分析………………180
SOX法………………………171
TIBOR………………………8
VaR……………40、74、180
WACC………………………57

え

エージェンシー・コスト……38、39

お

オプション取引……………5、11

か

会社法………………………169
外部資金……………………35
解約…………………………195
解約清算金…………………137
カウンターパーティ・リスク……143
掛け損リスク…………………9
過少投資問題………………35
株主資本……………………57
株主資本コスト………………58
株主利益……………………57
カラーオプション……………88
為替換算調整勘定……95、103
為替リスク……………………8
換算リスク…………………105

き

企業価値……………29、36、46
逆取引………………………137
キャップ……………………11
金採掘企業…………………47
金融危機……………………5
金融商品会計基準……………171
金利感応度分析………………17
金利ギャップ管理……………17
金利スワップ…………………6

く

クーポンスワップ……………210
クラックスプレッド……………89

繰延ヘッジ損益 …………………106
クレジット・デリバティブ ………126

け
経営者 ……………………………32、
　　　　38、39、49、50、51、53

こ
航空会社 …………………………46
公正価値ヘッジ …………………193
コーポレート・ガバナンス ………52
固定金利 ……………………………8
コベナンツ ………………………38
コリドー・キャップ ………………13

さ
再構築コスト ……………………144
財務諸表等規則 …………………157
先渡取引 ……………………………5

し
時価会計 …………………………172
時価ヘッジ ………………………105
仕切りレート ……………………22
自己資本 …………………………40
事後テスト ………………………199
資産代替問題 ……………………37
市場リスク ………………………112
順イールドカーブ …………………9
純投資ヘッジ ……………………105
譲渡 ………………………………140
情報の非対称性 …………………35
信用リスク ………………………15

す
ステークホルダー ………………32
ストライクレート …………………11

スポット取引 ………………………9
スワップ取引 …………………5、6
スワップレート …………………195

せ
制度リスク ………………………25
石油ガス開発会社 ………………50
善管注意義務 ……………………159

そ
相場変動リスク …………………10
その他有価証券 …………………105

つ
追加的コスト ……………………35
通貨オプション組込預金商品 ……106
通貨スワップ ………………………7
通貨スワップ取引 ………………211

て
ディスクロージャー ………………39
ディストレス・リスク ……………31
デリバティブ取引 …………………4
天候デリバティブ ………………130
電力会社 …………………………25

と
トービンのQ ……………………46

な
内部資金 ……………………35、46
内部統制 …………………………53
内部統制基準 ……………………171
内部統制システム ………………169
内部統制報告書 …………………170
ナチュラルヘッジ ………………90

事項索引　231

ね
燃油サーチャージ ……………… 83
燃料費調整制度 ………………… 25

の
ノベーション …………………… 140

は
バーゼル銀行監督規制 ………… 40
バイキング部門 ………………… 18
パイプラインリスク …………… 193
バックワーデーション ………… 84
パッシブ・リスク ……………… 42
反対取引 ………………… 137、195

ひ
評価・換算差額等 …… 57、103、104

ふ
フラット為替 …………………… 211
振当処理 ………………………… 216
フリー・キャッシュフロー …… 39
プレミアム ……………………… 11

へ
β（ベータ） …………………… 61
ペッキング・オーダー仮説 … 35、51
ヘッジ会計 …………………… 39、49
ヘッジ会計の中止 ……………… 149
ヘッジ取引の終了 ……………… 139
ヘッジ比率 ……………………… 198
ヘッジ有効性 …………………… 200
変動金利 ………………………… 8

ほ
包括的長期為替予約 …………… 211
報酬設計 ………………………… 32

保
保険 ……………………………… 43
保有目的 ………………………… 178
ボラティリティ ………………… 74

ま
マーケット・リスク …………… 15
マクロヘッジ …………………… 70
マルチコーラブル型 …………… 187

め
メインバンク制 ………………… 51

も
モジリアーニ・ミラー理論 …… 28

よ
予定取引 ………………………… 214

り
リスク回避的 …………………… 32
リスク・キャピタル …………… 41
リスク選好的 …………………… 33
リスクファイナンス …………… 40
リスクファクター ……………… 71
リスク分散 ……………………… 18
リスクヘッジ …………………… 2
流動性リスク ………… 15、111、174

ろ
ローン＆スワップ ……………… 8
ロスカットルール ……………… 173

企業価値向上のデリバティブ
──リスクヘッジを超えて

平成27年3月4日　第1刷発行

　　　　　　　　　　著　者　福　島　良　治
　　　　　　　　　　発行者　小　田　　　徹
　　　　　　　　　　印刷所　株式会社太平印刷社

〒160-8520　東京都新宿区南元町19
発　行　所　一般社団法人 金融財政事情研究会
　　編集部　TEL 03(3355)2251　FAX 03(3357)7416
販　　　売　株式会社きんざい
　　販売受付　TEL 03(3358)2891　FAX 03(3358)0037
　　　　　　URL http://www.kinzai.jp/

・本書の内容の一部あるいは全部を無断で複写・複製・転訳載すること、および磁気または光記録媒体、コンピュータネットワーク上等へ入力することは、法律で認められた場合を除き、著作者および出版社の権利の侵害となります。
・落丁・乱丁本はお取替えいたします。定価はカバーに表示してあります。

ISBN978-4-322-12633-4